As Melhores
SELEÇÕES BRASILEIRAS
de Todos os Tempos

Proibida a reprodução total ou parcial em qualquer mídia
sem a autorização escrita da editora.
Os infratores estão sujeitos às penas da lei.

A Editora não é responsável pelo conteúdo deste livro.
O Autor conhece os fatos narrados, pelos quais é responsável,
assim como se responsabiliza pelos juízos emitidos.

Consulte nosso catálogo completo e últimos lançamentos em **www.editoracontexto.com.br**.

As Melhores
SELEÇÕES BRASILEIRAS
de Todos os Tempos

Milton Leite

Copyright © 2010 do Autor

Todos os direitos desta edição reservados à
Editora Contexto (Editora Pinsky Ltda.)

Capa e projeto gráfico
Gustavo S. Vilas Boas

Preparação de textos
Adriana Teixeira

Revisão
Flávia Portellada

Dados Internacionais de Catalogação na Publicação (CIP)
(Câmara Brasileira do Livro, SP, Brasil)

Leite, Milton
As melhores seleções brasileiras de todos os tempos /
Milton Leite. – 2. ed. – São Paulo : Contexto, 2024.

Bibliografia.
ISBN 978-85-7244-846-8

1. Futebol 2. Futebol – Brasil – História
3. Seleção Brasileira de Futebol – História I. Título.

09-13007   CDD-796.3340981

Índice para catálogo sistemático:
1. Seleção Brasileira de Futebol : História   796.3340981

2024

EDITORA CONTEXTO
Diretor editorial: *Jaime Pinsky*

Rua Dr. José Elias, 520 – Alto da Lapa
05083-030 – São Paulo – SP
PABX: (11) 3832 5838
contato@editoracontexto.com.br
www.editoracontexto.com.br

Sumário

O melhor futebol do mundo.. 7

1958 • Rei põe o Brasil no mapa..11

1962 • Veteranos repetem a dose..49

1970 • Seleção faz história no México.. 81

1982 • Show termina sem taça..117

1994 • Pragmatismo conquista o tetra.................................... 151

2002 • Do caos à glória na Ásia.. 187

Bibliografia... 221

O autor..223

O melhor futebol do mundo

Desde nossa derrota na final de 1950 – o "Maracanazo" –, o Brasil mudou muito. É quase outro país este que ganhou o direito de receber outra vez uma Copa do Mundo, a de 2014. População quatro vezes maior, economia fortalecida, menos gente na linha de pobreza, importância no cenário mundial... Parecemos próximos de realizar o sonho de "nação do futuro". O Brasil conquistou, inclusive, a possibilidade de gastar bilhões com a construção de estádios, 12 novos Maracanãs, que lá no meio do século XX foi a única grande obra pública para receber o evento. Outros tempos.

No futebol, o crescimento foi ainda mais radical e o país ganhou incontestável *status* de primeiro mundo da bola: sete finais de mundiais, cinco taças erguidas, alguns dos maiores craques da história, clubes que ganharam fama internacional e, principalmente, admiração de todos que acompanham o esporte mais popular do planeta. A maior derrota da história foi também o ponto de partida para a era das conquistas.

Estamos mais confiantes no nosso futebol, não apenas pelos resultados dos últimos 50 anos, mas especialmente pela convincente conquista da Copa das Confederações em 2013, teste para a estrutura montada e ensaio para a torcida, orgulhosa de ter em casa a sua seleção de história tão rica. Afinal, dois técnicos campeões do mundo (Luiz Felipe Scolari e Carlos Alberto Parreira) foram chamados para comandar a campanha. E se já tivemos Pelé, Garrincha, Didi, Tostão, Rivellino, Zico, Sócrates, Romário, Ronaldo, Rivaldo encantando o mundo, na nova edição brasileira do Mundial, Neymar recebeu a missão de ser o virtuose.

Ao receber no quintal de casa as melhores seleções e os grandes jogadores, fica mais instigante olhar para o passado e perceber como a excelência verde e amarela com a bola nos pés foi construída. Essa ideia deu origem ao trabalho que você encontrará nas páginas deste livro. Retratar as principais representantes da seleção mais vencedora do futebol. Em outras palavras, responder à pergunta: quais foram as melhores formações que a equipe brasileira já teve?

À primeira vista, parece fácil, por tudo que já foi dito nas primeiras linhas desta introdução. No entanto, buscar excelência em meio ao que já é considerado a elite da modalidade escancara muitas e difíceis possibilidades. Mas para um apaixonado por futebol, o trabalho mostrou-se delicioso. Voltar às vitórias catárticas de 1958 e 2002, sonhar novamente com os gols feitos – e até os não feitos – da perfeita equipe de 1970 e ainda recuperar o econômico time de 1994 e também aquele de 1982, com qualidade de campeão, mas que não conseguiu a taça.

Entretanto, quando o título começa com "melhor" ou "melhores", é claro que a obra remete a escolhas, comparações. Sentir-se Feola, Aymoré Moreira, Zagallo, Parreira, Felipão tem seus encantos e desafios. O primeiro passo da nossa "comissão técnica" foi restringir o universo de escolhas às equipes que disputaram Copas do Mundo, o principal evento. A partir daí, basicamente foram adotados dois critérios: conquistas e qualidade técnica, que nem sempre caminham juntas quando o assunto é futebol.

Das seis seleções retratadas no livro, pelo menos duas, em minha opinião, conseguiram unir o futebol bonito, de alta qualidade, à conquista do título. As equipes de 1958 e de 1970 foram campeãs jogando um futebol irrepreensível. O time de 1962 era praticamente o mesmo de quatro anos antes, mas, envelhecido, não teve o mesmo brilhantismo, como os próprios integrantes daquele grupo deixam claro no capítulo que trata da vitória no Chile. Se as taças de 1994 e 2002 não foram conseguidas com futebol espetacular, ganharam e somaram ao país os cinco títulos. Também contaram com participações decisivas de craques como Romário, Bebeto, Taffarel, Ronaldo, Rivaldo e Marcos, só para ficar nos principais.

No entanto, nem todo grande time consegue vencer, entrando para a história pela qualidade apresentada em campo. Por isso, a seleção de 1982, derrotada na Espanha, tem um capítulo a ela dedicado – questão sempre polêmica, já que para muitos torcedores e especialistas time bom é o que vence. Nesse capítulo entra em ação, também, minha memória afetiva. Tive o privilégio de conhecer boa parte dos jogadores daquele grupo. Ele era formado por craques dentro e fora de campo.

Provavelmente essa não será a única polêmica a surgir nas próximas páginas. Sempre haverá quem reclame da presença ou ausência desta ou daquela equipe, pelas mais diversas razões. Eu mesmo sinto falta de uma: a vice-campeã de 1950, no Maracanã. Não ficou com o título, mas entraria facilmente pelo critério de qualidade técnica. Só que, em debates com os editores do livro, concluímos que não poderíamos abrir um trabalho sobre as melhores seleções justamente com o maior fracasso do nosso futebol. Porque se aquele era um timaço, também pesa contra ele o fato de ter perdido em casa, diante de um público de 200 mil pessoas, quando era favoritíssimo.

Escolhas feitas, começava a segunda fase: recolher o material. Foram muitas entrevistas, muitas histórias, muita conversa com essa gente que fez do futebol brasileiro o mais respeitado e vitorioso do mundo em todos os tempos. Das mensagens curtas e valiosas de Ronaldo e Pelé, passando por longas conversas com Carlos Alberto Parreira e Zagallo, contei com a participação direta ou indireta de várias gerações de craques com as mais diversas características. E dos mais diferentes pontos do planeta.

Numa manhã qualquer lá estava eu abrindo minhas mensagens eletrônicas. Uma delas vinha de Moscou e pedia desculpas pela demora em responder algumas perguntas formuladas dias antes.

– Meu Deus, o Zico me pedindo desculpas!!! – foi minha reação. Eu já estava feliz só de ter conseguido o e-mail do Galinho e poder mandar as perguntas. Ele concordar em responder era a consagração. E um dos maiores jogadores que vi atuar ainda me pedia desculpas???!!!

A viagem pelo Brasil de primeiro mundo, que é o futebol das nossas seleções brasileiras, me proporcionou coisas assim.

Agora convido você a embarcar neste passeio por este país internacional que está nas páginas seguintes. Se existe uma área em que os brasileiros se sentem cidadãos de um país desenvolvido, essa área é o futebol. E se você duvida, faça o teste: vá ao exterior e conte que é brasileiro. Os jogadores citados por qualquer estrangeiro podem até variar, mas certamente você ouvirá algum nome familiar, pois o futebol brasileiro é referência corrente nos mais diferentes cantos do globo.

* * * *

Por fim, antes de a bola rolar, agradeço a alguns dos maiores jogadores e técnicos brasileiros que pessoalmente, por telefone ou por mensagens eletrônicas generosamente concederam entrevistas: Djalma Santos, Zagallo, Pelé, Tostão, Carlos Alberto Torres, Zico, Falcão, Júnior, Batista, Carlos Alberto Parreira, Bebeto, Mauro Silva, Cafu, Marcos e Ronaldo. Há muitos outros depoimentos, retirados de programas de televisão, entrevistas a jornais e portais de internet, além de biografias publicadas em livros.

Espero que você se divirta lendo como eu me diverti escrevendo!

1958
Suécia

Organização ganha a primeira Copa

Como conquistar uma Copa do Mundo? Essa era a pergunta que os brasileiros se faziam às vésperas da disputa na Suécia, em 1958. Nem jogando em casa, em 1950, diante de 200 mil pessoas no Maracanã, a vitória tinha acontecido. Em 1954, na Suíça, outro fiasco. Não bastava ter craques como Pelé, Garrincha, Didi, Gilmar, Djalma Santos... A resposta veio com o empresário e dirigente Paulo Machado de Carvalho: planejamento, organização, trabalho em equipe e treinamento. Foi essa união de talento com a bola nos pés e um plano competente que levou a seleção brasileira a acabar com todos os fantasmas e conquistar pela primeira vez a Taça Jules Rimet.

O luto de 1950 ainda pesava sobre o futebol nacional na Copa da Suíça, na qual, mais uma vez, faltou um projeto mais profissional. Djalma Santos estava lá e lembra bem como era o relacionamento com os dirigentes:

> – Eles nem ficavam com a gente. E quando vinham era para falar de patriotismo, de bandeira nacional. Uma coisa constrangedora, eles ficavam falando de Nossa Senhora – conta ele. Na Suíça, teve um jogo contra a Iugoslávia que podíamos empatar para conseguir a classificação. Mas os dirigentes não conheciam o regulamento e diziam que precisávamos ganhar. Jogamos com tudo, lutamos muito, saímos exaustos e cabisbaixos com o empate. E só no vestiário descobrimos que o time tinha se classificado.

Depois daquele Mundial de 1954, no qual foi dirigido por Zezé Moreira, o Brasil não fez mais nenhum jogo naquele ano. Em tempo de atividade bem menos intensa, a seleção brasileira atuou em apenas quatro partidas em 1955: duas contra o Chile e duas contra o Paraguai, na disputa das Taças Bernardo O'Higgins e Oswaldo Cruz, respectivamente. Em cada jogo, um técnico diferente: o próprio Zezé Moreira, Flávio Costa (técnico em 1950), Vicente Feola e Oswaldo Brandão. Este último continuou no cargo no começo de 1956, na disputa da Copa América, no Uruguai, terminando na terceira colocação.

Logo depois, no Campeonato Pan-Americano, o país foi representado por um combinado de jogadores gaúchos, com a direção de Tetê. Na sequência, uma série de amistosos, agora tendo Flávio Costa no banco de reservas. Ele permaneceu até o final do ano, disputando inclusive a Taça do Atlântico (contra o Uruguai) e mais uma Oswaldo

Cruz (contra o Paraguai). O ano de 1957 começou com a volta de Brandão ao comando, na disputa de mais uma Copa América, desta vez no Peru (Brasil em segundo, atrás da Argentina). Foi com ele também a classificação para a Copa do Mundo. Numa época ainda de poucos interessados em ir ao Mundial, a seleção brasileira só teve que eliminar o Peru (1 a 1, em Lima; 1 a 0, no Maracanã, com desempenho técnico sofrível). Logo depois, Oswaldo Brandão deu lugar a Sylvio Pirillo, que trabalhou em dois jogos com a Argentina (Copa Roca) e em dois amistosos com Portugal. No final do ano, dois jogos contra o Chile, mas aí a equipe era formada por atletas pouco conhecidos e com Pedrinho como técnico.

Em resumo, em três anos, a seleção brasileira teve sete técnicos, alguns mais de uma vez, dezenas de jogadores, muitas formações e nenhum rumo. Recém-eleito presidente da Confederação Brasileira de Desportos (CBD), João Havelange resolveu agir. Convocou Paulo Machado de Carvalho, poderoso empresário do ramo das comunicações e vice na diretoria da entidade, e entregou a ele o comando da equipe, nos seguintes termos, de acordo com a reportagem publicada pelo *Jornal da Tarde* em agosto de 2008, quando da comemoração dos 50 anos da conquista da Suécia:

"Olha, doutor Paulo [pediu Havelange] preciso de uma seleção que faça o povo esquecer a de 1950, uma seleção vitoriosa, um time campeão. E porque eu preciso de tudo isso é que o quero como seu chefe. Arme tudo como quiser. Com carta branca." Com a ajuda de alguns jornalistas, surgiu o Plano Paulo Machado de Carvalho e formou-se a comissão técnica que inauguraria na seleção o trabalho em equipe, em que nenhuma decisão seria tomada isoladamente ou por uma pessoa apenas. Djalma Santos diz que, a partir dali, a relação entre comissão técnica, jogadores e dirigentes mudou: "Com o doutor Paulo havia diálogo, era possível trocar ideias, os dirigentes tinham confiança nos jogadores e nós neles".

O trabalho realizado para a Copa de 1958 passou para a história como o primeiro no nível profissional e organizado. E é verdade. Mas também é verdade que foi um projeto emergencial, já que o técnico foi anunciado no começo de março de 1958, apenas três meses antes da competição, e os jogadores convocados começaram a trabalhar em abril – bons tempos em que a equipe podia ficar reunida dois meses, apenas treinando e fazendo amistosos para se preparar para a Copa do Mundo. O anúncio do nome de Vicente Feola não deixou de surpreender.

- Para os jogadores não foi surpresa – conta Djalma Santos. Nós conhecíamos o trabalho dele no São Paulo. Mas, para a seleção, as pessoas esperavam por alguém mais conhecido, o Flávio Costa, o Zezé Moreira. Acho que foi bom, o Feola era chegado num diálogo, era tranquilo, passava muita confiança aos jogadores.

Zagallo também tem boas lembranças do jeito de Vicente Feola dirigir a equipe:

- Era um cara simples, não era de inventar. Ele procurava aproveitar as características dos jogadores. Para mim isso foi excelente, porque eu jogava de maneira diferente do Pepe e do Canhoteiro. Eu era um jogador de 100 metros, fazendo aquele vai e vem, ajudando na marcação e na armação, já era assim no Flamengo. Pepe e Canhoteiro eram as duas forças para irem à Copa, mas eu acabei conquistando o lugar por jogar de outro jeito.

Aliás, na lembrança do ponta-esquerda de 1958 ainda está muito presente o momento em que a sua convocação foi definida:

– O Flamengo fez um jogo contra o Botafogo, no Maracanã. Antes da partida, o preparador físico Paulo Amaral (do Botafogo e da seleção) me disse: "A comissão da seleção está toda aí. Vieram ver você jogar". Eu fui bem, o Flamengo ganhou de 3 a 0 e acabei convocado. Na seleção, houve até uma transformação do esquema da equipe, que passou de 1-4-2-4 para 1-4-3-3.

Feola era próximo de Paulo Machado de Carvalho, que além de ser proprietário de emissoras de rádio e TV (Record), havia ocupado vários cargos diretivos no São Paulo e tinha sido presidente da Federação Paulista de Futebol. No mesmo São Paulo, Feola foi técnico em diversas oportunidades, além de exercer cargos administrativos como gerente e supervisor – posição que ocupava naquele ano de 1958, com Bela Gutman como técnico.

Amígdalas e dentes extraídos

Além de Feola e Paulo Machado de Carvalho, Paulo Amaral (preparador físico), Hilton Gosling (médico) e Carlos Nascimento (supervisor) formavam o núcleo de decisões da seleção. Foram convocados 33 jogadores para o início da preparação, que incluiu também, de maneira inédita, um completo levantamento da saúde e da condição física dos atletas: muitos dentes foram arrancados, amígdalas extraídas, infecções debeladas. O período de treinamentos aconteceu em

Poços de Caldas e Araxá (MG) e durou 40 dias, inicialmente com uma preocupação grande com a preparação física, comandada por Paulo Amaral, que às vezes se empolgava e exagerava na dose dos exercícios. "O Paulo Amaral queria dar treinos fortes demais. Mas até sobre essa questão era possível conversar. Tanto que falamos com o Feola, com o Paulo Amaral e ele diminuiu a intensidade", lembra Djalma Santos.

Um jogador de cada posição seria cortado, por isso mesmo a disputa era intensa para ficar no grupo e para ganhar um lugar na equipe titular, como aconteceu entre Pepe, Canhoteiro e Zagallo. Didi x Moacir; Nilton Santos x Oreco; Pelé x Dida; Garrincha x Joel eram as principais. Na luta pela ponta-esquerda, os favoritos eram Pepe e Canhoteiro, dribladores, agressivos, finalizadores. "Naquele período, eu parei de ler jornais, ouvir rádios, porque só se falava de Pepe e Canhoteiro. Tudo aquilo me serviu de motivação para trabalhar mais, me dedicar para ficar com a vaga", conta Zagallo.

Garrincha, que seria um dos destaques do Brasil na Copa, não era ainda uma unanimidade e esteve ameaçado até de não ir para a Suécia. Como relata o jornalista e escritor Ruy Castro no livro *Estrela Solitária – um brasileiro chamado Garrincha*, a seleção ainda não havia encontrado um substituto para Julinho Botelho, desde que ele foi jogar na Fiorentina, no futebol italiano. A saudade era tanta que, no começo de 1958, João Havelange chegou a enviar uma carta para Botelho, convidando-o para ir à Copa. Ele nem precisaria vir ao Brasil para os treinos, poderia se juntar ao grupo nos amistosos finais que seriam disputados na Itália. Naquela época, as seleções não costumavam convocar atletas que atuassem em outros países, portanto, seria aberta uma exceção pela importância de Julinho.

Mas, numa atitude rara e estranha para os padrões do século XXI, Julinho descartou a possibilidade. Disse que não seria justo ocupar na seleção a vaga de um atleta que atuava no futebol nacional – ele já havia recusado, da mesma forma, um convite para se naturalizar para ser convocado pela seleção italiana. Julinho disputara a Copa de 1954, mas naquele tempo o regulamento permitia ao jogador defender seleções de diferentes países, mesmo em Copas, desde que se naturalizasse.

Os primeiros testes de jogo daquela seleção aconteceram em abril. Contra o Paraguai foram disputadas as duas partidas válidas pela Taça Oswaldo Cruz (confronto anual que ocorria entre as duas seleções). O Brasil goleou no Maracanã por 5 a 1 e empatou no Pacaembu, 0 a 0. No jogo de São Paulo, houve muita violência por parte dos paraguaios e o primeiro susto, porque Didi saiu de campo com uma suspeita de fratura, não confirmada depois.

Apesar de o Plano Paulo Machado de Carvalho ser apontado como o grande responsável pelo sucesso daquela seleção, é preciso lembrar que, ainda na gestão anterior da CBD, em 1957, com Silvio Pacheco como presidente, algumas iniciativas inéditas já haviam sido tomadas, como enviar o médico Hilton Gosling para conhecer os locais de jogos e para escolher a concentração do time, assim como designar o "espião" Ernesto Santos para percorrer vários países e mapear os futuros e prováveis adversários no Mundial.

Foram disputados ainda dois amistosos com vitórias sobre a Bulgária. E o último teste em território nacional foi um desastrado confronto contra o Corinthians, no Pacaembu. O Brasil enfrentou um clima hostil da torcida do clube paulista, irritada pela não convocação do grande ídolo da equipe, Luizinho, o *Pequeno Polegar*. O jogo foi muito viril, apesar da goleada de 5 a 0 da seleção. Num dos lances mais fortes, o zagueiro Ari Clemente acertou com muita violência o jovem Pelé, com apenas 17 anos. Ele chegou a pedir para ser desligado do grupo que seguiria para a Europa, mas o médico Hilton Gosling garantiu que havia tempo para recuperação.

– Ao contrário do que muita gente pensava, que seria muita responsabilidade para um garoto de 17 anos, na verdade aquilo era um sonho para mim. O peso estava todo nas costas dos jogadores mais experientes como Gilmar, Bellini, Zito, Nilton Santos. Eu me sentia orgulhoso de ser o mais jovem a disputar uma Copa do Mundo – conta Pelé.

Ele lembra, ainda, do episódio em que o psicólogo João Carvalhaes avaliou os atletas e relatou ao técnico Vicente Feola que a jovem revelação não suportaria a pressão da competição. Os mesmos exames também reprovaram Garrincha. Para sorte do futebol brasileiro e mundial, a comissão técnica resolveu ignorar os resultados.

Pelé quase fora

Na Europa, a seleção brasileira fez uma escala na Itália, para os dois últimos amistosos preparatórios, contra Fiorentina e Internazionale. O primeiro jogo teria sido o responsável pela ausência de Garrincha na escalação da equipe titular nos dois primeiros jogos da Copa. "O Garrincha fez aquelas jogadas dele, a comissão técnica chegou à conclusão de que ele não estava preparado para jogar uma Copa do Mundo. Depois perceberam que ele deveria jogar", afirma Djalma Santos. Ele se refere ao quarto gol da goleada brasileira contra a Fiorentina. Mané Garrincha driblou vários adversários, passou pelo goleiro e com o gol escancarado, preferiu não finalizar e esperou pela volta de um zagueiro já batido, tornou a driblá-lo para depois entrar caminhando com a bola dentro das redes. A atitude irritou muito todos os jogadores e a comissão técnica. O grupo temia que ele fizesse algo semelhante no Mundial. Como se verá a seguir, no relato de Ruy Castro, ele ficou fora dos primeiros jogos da Copa por questões táticas e não pela brincadeira contra a Fiorentina. Naquela passagem pela Itália, Zagallo também teve a confirmação de que seguiria para a Suécia, apesar de no último treino, ainda no Brasil, haver sofrido um corte num dedo da mão e precisar levar vários pontos (13, ele garante!).

– Naquele tempo, não havia substituições. Por isso, alguns jogadores de linha sempre treinavam no gol para a eventualidade de o goleiro ser expulso ou se machucar. Eu e o Pelé treinamos no gol e numa defesa eu acabei cortando o dedo. Cheguei a pedir para não ir, mas no último jogo na Itália, consegui jogar, marquei um gol e fui para a Copa.

Havia na comissão técnica quem considerasse que não valia a pena levar Pelé para a Suécia, porque ele ainda se recuperava da contusão sofrida no amistoso contra o Corinthians. Chegaram a discutir a possibilidade de chamar para a vaga Almir, que estava na Europa numa excursão com o Vasco. Almir estava entre os 33 que treinaram na fase inicial. O médico Hilton Gosling foi quem garantiu Pelé.

O Brasil chegou à Suécia exatamente uma semana antes da estreia e estava entre os três favoritos na bolsa de apostas de Londres. Mas, de acordo com Djalma Santos, entre os brasileiros, não era bem assim: "Nós não estávamos entre as principais seleções, a embaixada brasileira nem mandou alguém nos esperar no aeroporto, porque eles achavam que ia chegar uma turma de bagunceiros, que perderia logo de cara". Zagallo concorda: "Nos treinos nós percebíamos que a coisa ia caminhar bem, mas chegamos lá como zebras, éramos os peixes fora d'água, até porque caímos no grupo mais difícil da primeira fase".

O primeiro contato com a população do país anfitrião está gravado na memória de Pelé: "O que mais me chamou a atenção foi o choque de culturas. Lembro, por exemplo, daquelas meninas loiras tocando meu cabelo e passando a mão pelo meu rosto para sentir a minha pele". Negros como Pelé fizeram muito sucesso com as suecas.

Garrincha perde lugar

Brasil, União Soviética, Inglaterra e Áustria disputariam duas vagas para a segunda fase. O primeiro confronto foi com a Áustria, em Uddevalla. Nilton Santos, o jogador mais experiente do grupo, com 33 anos, era o titular da lateral-esquerda nos anos anteriores, mas havia uma pressão paulista pró-Oreco, que jogava no Corinthians. De acordo com Ruy Castro, Nilton estava definido como titular desde os jogos na Itália, mas Péris Ribeiro, jornalista e autor do livro *Didi - o gênio da folha-seca*, garante que Oreco é quem começaria o primeiro jogo. Mas, na véspera, o lateral do time paulista teve um afundamento de malar. Com Pelé ainda contundido, a dúvida a ser dirimida por Feola era Joel ou Garrincha na ponta-direita e aí a definição contou com a participação do observador Ernesto Santos, conforme levantamento de Ruy Castro.

Ele expôs à comissão técnica que a Áustria jogava com quatro atletas no meio-campo e sugeria que o Brasil reforçasse o setor para equilibrar as ações. Para tanto, seria necessário que o ponta-direita auxiliasse na marcação, como Zagallo fazia pelo lado esquerdo. Vicente Feola disse que poderiam pedir a Garrincha para executar a tarefa. Paulo Amaral, que conhecia bem Garrincha do Botafogo, foi definitivo ao argumentar que ele não costumava cumprir função tática nenhuma, que

1958 • Rei põe o Brasil no mapa 23

Arquivo Nacional

Pepe e Zagallo correm ao lado de Germano (à direita): os dois ganharam as vagas e Canhoteiro ficou fora da Copa.

não seguiria o pedido de marcar no meio. Joel, ótimo ponta-direita e mais disciplinado, foi o escolhido. O Brasil jogou com Gilmar, De Sordi, Bellini, Orlando e Nilton Santos; Dino Sani, Didi e Zagallo; Joel, Dida e Mazzola. Como se verá, a equipe mudou muito até a final.

O jogo foi duro, principalmente no primeiro tempo, com os jogadores brasileiros tensos. Gilmar chegou a salvar algumas oportunidades criadas pela Áustria. Só aos 37 minutos o Brasil conseguiu marcar o primeiro gol, com Mazzola. No início do segundo tempo, a Áustria deu sinais de que continuaria pressionando, mas uma arrancada de Nilton Santos, aos cinco minutos, garantiu o segundo gol. Mazzola, mais uma vez, aos 35 do segundo tempo, sacramentou a vitória. A seleção viajou na sequência para Gotemburgo, para as duas outras partidas da fase inicial.

No segundo compromisso, o adversário foi a Inglaterra e o Brasil teve a primeira das muitas modificações durante a competição: Dida, sentindo dores no pé, não conseguia sequer chutar a bola e foi substituído por Vavá. Feola pretendia escalar uma equipe mais ofensiva do que na estreia, por isso Garrincha deveria ocupar o lugar de Joel. Outra vez, Ernesto Santos interferiu. Desta vez ele alertou para o lateral-esquerdo da Inglaterra, Slater, jogador muito violento. Segundo ele, um ponta que fosse enfrentá-lo, fatalmente seria atingido, poderia se contundir e ficar fora do resto da Copa. Conclusão: seria mais fácil para Joel jogar procurando o meio, evitando os confrontos diretos com Slater – e mesmo assim, no segundo tempo, numa tentativa de drible, o brasileiro recebeu uma pancada e saiu de campo com muitas dores.

Com a Inglaterra fechada, marcando muito, e o Brasil cauteloso, a partida terminou empatada em 0 a 0 – foi o primeiro jogo sem gols na história das Copas do Mundo. Com o resultado, a seleção brasileira tinha uma decisão na última partida da primeira fase, contra a União Soviética, novamente em Gotemburgo. Os soviéticos jogavam o que na Europa se costumou chamar de "futebol científico", com

1958 • Rei põe o Brasil no mapa   25

Arquivo Nacional

Zagallo com outros jogadores: o ponta-esquerda inovou taticamente ajudando o meio-campo.

excepcional preparo físico. Feola mudou a seleção em mais três posições: Pelé, recuperado da contusão, entrou no lugar de Dida; Zito ficou com a vaga de Dino Sani, que sofreu uma distensão muscular; e Garrincha, finalmente, foi escalado no lugar de Joel. "O Pelé ainda não era conhecido. Eu mesmo não sabia quem era ele, pois só tinha jogado uma vez no Maracanã antes de iniciarmos os treinos para a Copa. Mérito do Feola que o conhecia de São Paulo e resolveu apostar naquele garoto prodígio", diz Zagallo.

Sobre Joel, Zagallo lembra que dividia o quarto com ele na concentração e que os dois jogavam juntos no Flamengo. "Ele me disse que estava sentindo dores no joelho e eu argumentei que se ele relatasse para a comissão técnica, o Garrincha ia entrar e não sair mais. Mas ele preferiu contar e perdeu o lugar de titular."Apesar das dores, não foram elas que tiraram Joel do time, porque a vontade de Vicente Feola era iniciar a Copa do Mundo com o jogador do Botafogo, pelo menos de acordo com o relato de Ruy Castro.

Mas a escalação só foi definida num treino secreto, na véspera do jogo. Os jornalistas brasileiros e estrangeiros foram avisados de que o coletivo final seria no período da tarde, mas no meio da manhã os jogadores foram chamados, colocados no ônibus e seguiram sem saber para onde. Foi ali que houve a confirmação de Pelé e Garrincha e onde também se traçou a estratégia de jogo, que previa sufocar os soviéticos no começo, tentando fazer logo um gol.

Três minutos alucinantes

E assim foi: já no primeiro lance da partida, Garrincha driblou vários adversários, chutou forte e a bola pegou na trave, aos 40 segundos. Os soviéticos recolocaram a bola em jogo, o Brasil retomou, Garrincha fez mais uma jogada, lançou Pelé que arriscou o chute: bola no travessão. Os brasileiros não pararam de pressionar e Vavá abriu o placar, aos três minutos. O jornalista Gabriel Hannot, do diário esportivo francês *L'Equipe*, classificou aquele início como "os maiores três minutos da história do futebol". Só no segundo tempo Vavá marcou o segundo gol da vitória. Pelé e Garrincha estrearam em Copas do Mundo, começaram a encantar o mundo e a virar mitos – com os dois juntos em campo, a seleção brasileira nunca foi derrotada. O Brasil avançou para as quartas de final, ainda em Gotemburgo, para enfrentar o País de Gales.

O primeiro confronto eliminatório foi um dos mais complicados daquele Mundial, porque o País de Gales armou uma retranca fortíssima. Vavá não pôde jogar e Mazzola voltou ao time titular. O Brasil só conseguiu vencer com um gol de Pelé, aos 28 minutos do segundo tempo. Garrincha passou pelo seu marcador, tocou para Didi, que lançou Pelé: de costas para o zagueiro, deu um chapéu, ajeitou com o pé esquerdo e mandou o chute com o direito, um golaço, o primeiro dele em Copas. O Brasil avançou para a semifinal e transferiu-se para a capital Estocolmo. "Marcar aquele gol foi uma alegria muito grande, pois a seleção se classificou e eu ganhei a posição definitivamente", recorda Pelé.

A França foi o adversário da semifinal. Diz Djalma Santos: "Quando ganhamos da França tivemos certeza de que não tinha mais como perder aquela competição". Mas havia uma preocupação: os franceses eram donos do melhor ataque da Copa (15 gols em quatro jogos) e do artilheiro, Fontaine (oito gols). A defesa brasileira ainda não tinha sido vazada. Como reagiriam os jogadores brasileiros se saíssem perdendo? O "complexo de vira-lata", expressão criada pelo jornalista e dramaturgo Nelson Rodrigues, voltaria à tona? Era corrente entre os torcedores brasileiros o sentimento de que o time se apequenava nos momentos de dificuldades nas Copas do Mundo.

A comissão técnica chegou à conclusão de que era importante começar pressionando e marcar primeiro, como havia acontecido contra a União Soviética. E assim foi: com 30 segundos de jogo, Didi arriscou um chute de longe e quase marcou. Logo depois, o Brasil tomou a bola, Garrincha iniciou a jogada driblando adversários, deu para Didi, que lançou Vavá: 1 a 0 Brasil, com apenas dois minutos. Os franceses reagiram rapidamente e Fontaine empatou aos oito minutos. E como temia a comissão técnica, os brasileiros ficaram abatidos com o gol, a França cresceu, dominou a partida e teve chances para virar, mas Gilmar conseguiu evitar. Só no final do primeiro tempo, quando o Brasil se reequilibrou, Didi conseguiu colocar o time na frente mais uma vez. No segundo tempo, Pelé liquidou o jogo, marcando três gols, a seleção venceu por 5 a 2 e ganhou a vaga na decisão contra a Suécia, dona da casa.

Djalma Santos conta que naquele tempo não se sabia com detalhes como o adversário jogava, porque não havia filmes e vídeos como nas preleções de hoje. As informações chegavam com o espião Ernesto Santos, que ia assistir aos jogos dos adversários. "E os homens?", perguntavam. "Umas feras, terríveis", respondia Ernesto.

> – Ele falava sempre isso, porque acreditava que se dissesse que os caras eram "galinhas mortas", nós entraríamos relaxados – lembra Djalma. Na véspera da final, ao saber que ia jogar, fui perguntar pelo ponta-esquerda deles, Skoglund. "Uma fera, muito forte, joga na Itália", ele respondeu. Eu estava tranquilo, vinha treinando bem.

1958 • Rei põe o Brasil no mapa 29

Arquivo Nacional

Didi com Vicente Feola: maestro em campo comandando uma seleção de craques.

Djalma recebeu a notícia de que seria titular na final da Copa do Mundo dois dias antes do jogo, quando foi chamado por Vicente Feola, juntamente com De Sordi. O titular até então teria dito a ele que não tinha condição de jogar. "A conversa entre nós foi importante porque ele atuou na Copa toda e eu ia entrar no jogo mais importante, o da fotografia", diz Djalma. Há outra versão: De Sordi teria demonstrado muito nervosismo com a aproximação da decisão e sua substituição teria sido recomendada pelo médico Hilton Gosling.

Didi acalma o time

Antes da Suécia, os brasileiros tiveram que vencer a superstição. Por sorteio, a Suécia ganhou o direito de utilizar a camisa amarela. Os jogadores ficaram apreensivos: temiam que a *sorte* abandonasse o time com o uniforme. A comissão técnica cogitou utilizar camisas brancas, mas elas foram descartadas depois da derrota em casa para o Uruguai, na final de 1950, justamente porque ficaram amaldiçoadas. A escolha recaiu sobre o azul e camisas foram compradas no comércio de Estocolmo. Para fugir da superstição, conta-se, em história que ficou célebre: Paulo Machado de Carvalho disse ao grupo que aquele era um sinal de que o título estava mais próximo, afinal aquele azul era da mesma cor do manto de Nossa Senhora. Bastou para o otimismo voltar.

Garrincha e Vavá: dupla saiu do banco
para ajudar na primeira conquista.

A preocupação que Vicente Feola e sua equipe haviam manifestado para os confrontos contra a União Soviética e França concretizou-se justamente na final. O início da equipe nacional contra a Suécia foi muito ruim, com erros de passes (será que a bola era passada para quem estava de camisa amarela por hábito?). O adversário se aproveitou, empurrado pela torcida, e abriu o placar com Liedholm, logo aos quatro minutos. Aí, outra cena inesquecível daquela conquista: Didi foi calmamente até o fundo do gol, pegou a bola e caminhou lentamente até o meio-campo. No caminho, pedia tranquilidade aos companheiros e garantia que virariam o placar. Mas, antes, um susto que poderia ter custado o título:

- Este lance eu jamais vou me esquecer. O Skoglund fez um cruzamento do lado esquerdo e o Gilmar foi para a bola. Ele faria a defesa, só que escorregou e a bola passou. Eu nem sei por que estava ali, mas acabei tirando a bola com a cabeça, quase em cima da linha do gol. Eles fariam 2 a 0 e ficaríamos numa situação muito delicada - relembra Zagallo.

O Brasil empatou logo depois, aos nove minutos, com Vavá, após jogada de Garrincha. Aos 32 minutos, outra vez dribles de Garrincha e conclusão de Vavá, virando o placar para a seleção brasileira. Aos dez minutos do segundo tempo, Pelé ampliou para 3 a 1 e, conforme a partida ia se resolvendo, Zagallo tinha pensamentos sem nenhuma relação com aquela final de Copa do Mundo.

- Eu me lembrava do que tinham dito antes de eu viajar - recorda. Eu cresci na Tijuca [bairro do Rio de Janeiro], fui juvenil do América, conhecia o pessoal dali, era amigo de muitos

1958 • Rei põe o Brasil no mapa   33

Arquivo Nacional

Paulo Machado de Carvalho, Bellini, Feola e a taça: planejamento e profissionalismo garantem a primeira conquista.

sócios. Eu sempre tive muita sorte, em tudo. E quando eu fui convocado, eles diziam: "Zagallo foi para a Copa, o Brasil será campeão". Imagine: final de Copa do Mundo, o jogo acontecendo e eu pensando nisso...

O próprio Zagallo marcou o quarto gol ("faltava deixar o meu selo"), os suecos ainda diminuíram e, no último minuto, Pelé fechou a goleada, 5 a 2. Jogadores e integrantes da comissão choravam, se abraçavam. Ao receber a taça, Bellini estava cercado por fotógrafos do mundo todo. Os brasileiros, um pouco atrás, não conseguiam visualizar o troféu e pediram para que ele fosse erguido um pouco mais. O capitão da primeira seleção brasileira campeã do mundo levantou a Jules Rimet acima da cabeça, para as fotos. O gesto eternizou-se e, a partir dali, tem sido repetido sempre que alguém recebe um troféu.

O menino Pelé era o mais emocionado, chorava amparado pelo goleiro Gilmar: "Lembro como se fosse hoje a emoção que eu sentia", diz ele mais de 50 anos depois. "Era na minha família que eu pensava. Ficava imaginando se o meu pai Dondinho já estava sabendo da nossa vitória." Djalma Santos, o campeão de uma partida só, acabou sendo eleito o melhor lateral-direito do Mundial. "Os caras eram meus amigos", brinca.

Depois da festa, em Estocolmo, a seleção brasileira só iniciou a viagem para casa dois dias após a final. "Foi mais fácil ganhar a Copa do Mundo do que voltar para casa, os aviões não tinham a autono-

Didi ao lado de Pelé, que chora no ombro de Gilmar: primeiro ato do maior de todos.

mia que têm hoje", não esquece Djalma. Foram escalas em Londres e Paris, nas quais os atletas desceram do avião e participaram de coquetéis e homenagens. Na sequência, Lisboa, com direito a desfile em carro aberto e festa com a torcida nos estádios do Benfica e do Sporting. O voo para o Brasil fez a primeira parada em Recife, onde o desfile pela cidade ocorreu sob muita chuva. Haveria ainda uma parada em Salvador, mas ela acabou abortada e o avião da Panair seguiu direto para o Rio de Janeiro.

"Eu jamais imaginei uma recepção como aquela", lembra Zagallo. "Claro que sabia que seríamos bem recebidos, mas não que haveria gente por todo percurso, do aeroporto do Galeão até o Palácio do Catete, sempre com uma multidão esperando a nossa passagem". O grupo teve um encontro com familiares na sede da revista *O Cruzeiro* e recepção oferecida pelo presidente da República Juscelino Kubitschek.

QUEM FALTOU?

Canhoteiro, o craque sem Copa

Não é qualquer pessoa quem afirma. É um dos maiores jogadores brasileiros de todos os tempos, escolhido pelo próprio Pelé como ídolo, Zizinho. Ele disse sobre Canhoteiro: "Ele fazia pela esquerda, o que Garrincha fazia pela direita. Nunca vi um driblador igual a Canhoteiro". Apesar disso, ele não foi a uma Copa do Mundo, disputou apenas 16 partidas pela seleção e marcou um gol. O Mundial da Suécia teria sido o seu grande momento, pois vivia o auge no São Paulo, seu clube. Mas poucas semanas antes da viagem para a Europa, foi cortado.

José Ribamar de Oliveira era maranhense de Coroatá, onde nasceu em 24 de setembro de 1932. E ali, naquela cidadezinha, começou a mostrar ainda garoto a sua habilidade de ponta-esquerda veloz, irresistível. Mas foi no Ceará que se profissionalizou aos 17 anos, em 1949. Jogando pelo América de Fortaleza e pela seleção cearense, atraiu a atenção para seu 1,68 m de altura. Foi contratado pelo São Paulo por iniciativa de Roberto Gomes Pedrosa, em 1954 – o propósito era substituir Teixeirinha na ponta-esquerda da equipe. Da pacata Coroatá à metrópole que São Paulo já esboçava se transformar, tudo foi muito rápido para Canhoteiro, que imediatamente se encantou pela boemia e pela vida noturna. Por isso mesmo, e pelo jeito pouco profissional de encarar a carreira, recebeu diversas cobranças e muitas multas da direção tricolor.

BOEMIA E DESLEIXO

No ano de 1957, na reta final de preparação para a Copa do Mundo da Suécia, Canhoteiro viveu seu melhor momento, ajudando o São Paulo a conquistar o título paulista e colocando seu nome na pauta para a seleção que, um ano mais tarde, conquistaria o primeiro título mundial brasileiro. A maioria dos analistas, historiadores e apaixonados por futebol não hesitam em colocar o *Mago* ou *Mandrake*, apelidos pelos quais Canhoteiro também era conhecido, como o maior ponta-esquerda da história do futebol brasileiro. O que deu errado, então?

Talvez o fato de Canhoteiro se inibir quando jogava pela seleção por ser obrigado a cumprir esquemas táticos mais rígidos. Mas não levar a própria grandeza muito a sério pode ter sido outro fator determinante. Em 1957 e no primeiro semestre de 1958 foi convocado seguidamente, disputando posição com Zagallo e Pepe. Dois momentos foram decisivos para Canhoteiro ficar fora daquele Mundial.

Num jogo amistoso contra a Bulgária, Canhoteiro tinha certeza de que Pepe seria o escolhido para ser o titular, pois tinha entrado em seu lugar na partida anterior. Na hora da partida, no entanto, ele foi chamado por Aymoré Moreira para jogar – certo de que não entraria em campo, estava apenas de agasalho, sem o uniforme por baixo. Teve que ir ao vestiário para se aprontar e isso irritou muito a comissão técnica.

Logo depois, após um jogo-treino contra o Corinthians, ele, Jadir e Gilmar deixaram a concentração para se divertir na noite paulistana. O único a retornar no horário estipulado para o hotel foi o goleiro Gilmar. Canhoteiro e Jadir foram cortados por indisciplina e deram adeus à chance de ir à Suécia.

Canhoteiro: poucos jogos e só um gol na seleção.

Canhoteiro ainda foi convocado mais algumas vezes para a seleção depois da Copa de 1958, mas sem conseguir ganhar a confiança da comissão técnica nem a vaga. Continuou atuando pelo São Paulo até 1963 – jogou inclusive na inauguração do Estádio do Morumbi, em 1960 – mas naquele momento o São Paulo era uma equipe enfraquecida justamente porque seus recursos eram destinados à construção do estádio. Depois de uma cirurgia no joelho, Canhoteiro nunca mais teve o mesmo rendimento e foi negociado com o futebol mexicano. Permaneceu lá por três anos, atuando no Nacional e no Toluca. Ao regressar ao Brasil, ainda jogou por Saad e Nacional, de São Paulo, antes de encerrar a carreira. Muito jovem, aos 42 anos, faleceu em São Paulo, no dia 18 de agosto de 1974, vítima de um derrame.

Segundo Renato Pompeu, que escreveu o livro *Canhoteiro – o homem que driblou a glória*, a genialidade do ponta-esquerda ficou muito restrita à cidade de São Paulo porque a Rádio Nacional, que era a encarregada de difundir o futebol pelo país, focalizava sempre as equipes do Rio de Janeiro, que viviam momento de esplendor. Além disso, os filmes do *Canal 100*, misto de documentário e noticiário, exibidos nos cinemas de todo país, também mostravam os jogos entre os cariocas. Pelo raciocínio de Pompeu, é legítimo se imaginar que Garrincha não teria construído a imagem genial que criou se tivesse jogado no futebol paulista antes de chegar à seleção e se consagrar internacionalmente – o que Canhoteiro não conseguiu por não ter na seleção o mesmo desempenho que mostrava no clube. No São Paulo, foram 415 partidas disputadas, com 103 gols marcados. Seu único gol pela seleção aconteceu num empate de 3 a 3 com o Paraguai, no Pacaembu.

QUEM ESTAVA LÁ

Castilho (goleiro)

Carlos José Castilho nasceu no Rio de Janeiro (RJ), em 27/11/1927 e faleceu em 02/02/1987. Ídolo do Fluminense (RJ) durante 18 anos (de 1947 a 1965) jogou também no Olaria no começo da carreira, e no Paysandu, no final. Atuou em 29 jogos pela seleção brasileira, sendo três em Copas do Mundo. Na Suécia, não chegou a jogar.

Bellini (zagueiro)

Hideraldo Luiz Bellini nasceu em 07/06/1930, em Itapira (SP). Clubes em que jogou: Itapirense (SP) de 1947 a 1948; Sanjoanense (SP) de 1949 a 1951; Vasco (RJ) de 1952 a 1961; São Paulo (SP) de 1962 a 1967; Atlético Paranaense (PR) de 1968 a 1969. Jogou 58 vezes com a camisa da seleção brasileira, oito em Copas do Mundo – foi titular nas seis partidas da Suécia e o capitão do time.

Gilmar (goleiro)

Gylmar dos Santos Neves nasceu em Santos (SP), em 22/08/1930. Jogou no Jabaquara (SP) em 1951; Corinthians (SP) de 1951 a 1961; Santos de 1962 a 1969. Atuou 102 vezes pela seleção e disputou 14 partidas em Copas do Mundo. Na Suécia, foi titular nos seis jogos.

Djalma Santos (lateral-direito)

Dejalma dos Santos nasceu em São Paulo (SP), em 27/02/1929. Clubes em que jogou: Portuguesa de Desportos (SP) de 1948 a 1958; Palmeiras (SP) de 1958 a 1968; Atlético Paranaense (PR) de 1969 a 1970. Tem 113 jogos pela seleção e 12 partidas em Copas do Mundo. Na Suécia, atuou apenas uma vez.

Dino Sani (meio-campo)

Dino Sani nasceu em São Paulo (SP), em 23/05/1932. Clubes em que jogou: Palmeiras (SP) de 1950 a 1951; XV de Jaú (SP) em 1951; Comercial (SP) de 1952 a 1953; São Paulo (SP) de 1954 a 1959; Boca Juniors (Argentina) de 1959 a 1961; Milan (Itália) de 1961 a 1964; Corinthians (SP) de 1965 a 1968. Foram 24 jogos com a camisa da seleção – dois na Copa do Mundo da Suécia.

Didi (meio-campo)

Waldir Pereira nasceu em Campos (RJ), em 08/10/1928 e faleceu em 12/05/2001. Clubes em que jogou: Rio Branco (RJ) em 1947; Lençoense (SP) em 1947; Madureira (RJ) de 1948 a 1949; Fluminense (RJ) de 1949 a 1956; Botafogo (RJ) de 1956 a 1958, de 1960 a 1962 e de 1964 a 1965; Real Madrid (Espanha) de 1959 a 1960; Sporting Cristal (Peru) em 1963; Vera Cruz (México) de 1965 a 1966; São Paulo (SP) em 1964 e em 1966. Dos 75 jogos em que atuou pela seleção brasileira, 15 foram em Copas do Mundo. Disputou as seis partidas de 1958.

Zagallo (ponta-esquerda)

Mário Jorge Lobo Zagallo nasceu em Maceió (AL), em 09/08/1931. Clubes em que jogou: América (RJ) de 1948 a 1949; Flamengo (RJ) de 1950 a 1958; Botafogo (RJ) de 1958 a 1965. Atuou em 36 jogos pela seleção, 12 deles em Copas do Mundo – esteve em todos os seis na Suécia.

Oreco (zagueiro)

Valdemar Rodrigues Martins nasceu em Santa Maria (RS), em 13/06/1932 e faleceu em 03/04/1985. Clubes em que jogou: Internacional de Santa Maria (RS) de 1947 a 1949; Internacional (RS) de 1950 a 1957; Corinthians (SP) de 1957 a 1965; Millonarios (Colômbia) de 1965 a 1966; Toluca (México) de 1967 a 1968; Dallas Tornado (EUA) de 1969 a 1971. Atuou 11 vezes pela seleção brasileira, mas não chegou a jogar na Copa do Mundo.

1958 • Rei põe o Brasil no mapa   43

Time campeão na Suécia:
craques acabam com "complexo de vira-latas".

Zózimo (zagueiro)

Zózimo Alves Calazães nasceu em Salvador (BA), em 19/06/1932 e faleceu em 17/07/1977. Clubes em que jogou: São Cristóvão (RJ) de 1948 a 1950; Bangu (RJ) de 1951 a 1965; Flamengo (RJ) em 1965; Portuguesa (RJ) de 1965 a 1966; Esportiva de Guaratinguetá (SP) em 1966; Sporting Cristal (Peru) de 1966 a 1967. Atuou 36 vezes com a camisa da seleção brasileira principal, além de três pela seleção olímpica. Em Copas do Mundo foram seis partidas – nenhuma delas na Suécia.

Pelé (atacante)

Edson Arantes do Nascimento nasceu em Três Corações (MG), em 23/10/1940. Clubes em que jogou: Santos (SP) de 1956 a 1974; New York Cosmos (EUA) de 1975 a 1977. Foram 114 jogos pela seleção, 14 deles em Copas do Mundo. Na Suécia, jogou quatro vezes.

Garrincha (ponta-direita)

Manoel dos Santos nasceu em Pau Grande (RJ), em 28/10/1933 e faleceu em 20/01/1983. Clubes em que jogou: Botafogo (RJ) de 1953 a 1965; Corinthians (SP) em 1966; Portuguesa (RJ) em 1967; Atlético Junior (Colômbia) em 1968; Flamengo (RJ) de 1968 a 1969; Olaria (RJ) de 1971 a 1972. Fez 60 jogos pela seleção, 12 deles em Copas do Mundo – jogou quatro partidas na Suécia.

Nilton Santos (lateral-esquerdo)

Nilton dos Reis Santos nasceu no Rio de Janeiro (RJ), em 16/05/1925. Jogou em apenas um clube, durante 17 anos: Botafogo (RJ) de 1948 a 1964. Das 85 partidas que disputou pela seleção brasileira, 15 foram em Copas do Mundo. Foi titular nas seis partidas da Suécia.

Moacir (meio-campo)

Moacyr Claudino Pinto nasceu em São Paulo (SP), em 18/05/1936. Clubes em que jogou: Flamengo (RJ) de 1956 a 1961; River Plate (Argentina) de 1961 a 1962; Peñarol (Uruguai) de 1962 a 1963; Everest (Equador) de 1963 a 1964; Barcelona Guayaquil (Equador) de 1964 a 1966. Jogou sete vezes pela seleção, nenhuma em Copa do Mundo.

DE SORDI (LATERAL-DIREITO)

Newton De Sordi nasceu em Piracicaba (SP), em 14/02/1931. Clubes em que jogou: XV de Piracicaba (SP) de 1949 a 1952; São Paulo (SP) de 1952 a 1965. Em 25 jogos pela seleção brasileira, atuou em cinco partidas de Copa do Mundo, todas na Suécia.

ORLANDO (ZAGUEIRO)

Orlando Peçanha de Carvalho nasceu em Niterói (RJ), em 20/09/1935. Clubes em que jogou: Vasco (RJ) de 1953 a 1961 e em 1970; Boca Juniors (Argentina) de 1960 a 1964; Santos (SP) de 1965 a 1969. Atuou 34 vezes pela seleção - sete em Copas do Mundo. Foi titular nas seis partidas da Suécia.

MAURO (ZAGUEIRO)

Mauro Ramos de Oliveira nasceu em Poços de Caldas (MG), em 30/08/1930 e faleceu em 18/09/2002. Clubes em que jogou: Sanjoanense (SP) em 1947; São Paulo (SP) de 1948 a 1959; Santos (SP) de 1960 a 1966; Toluca (México) em 1967; Oruro (México) em 1968. Vestiu a camisa da seleção brasileira em 30 jogos, seis deles em Copas do Mundo - não jogou na Suécia.

JOEL (PONTA-DIREITA)

Joel Antônio Martins nasceu no Rio de Janeiro (RJ), em 23/11/1931 e faleceu em 01/01/2003. Clubes em que jogou: Botafogo (RJ) de 1948 a 1950; Flamengo (RJ) de 1951 a 1958 e de 1961 a 1963; Valencia (Espanha) de 1958 a 1961; Vitória (BA) de 1963 a 1964. Foram 15 jogos pela seleção, sendo dois deles na Copa do Mundo da Suécia.

Mazzola (atacante)

José João Altafini nasceu em Piracicaba (SP), em 24/07/1938. Clubes em que jogou: Clube Atlético Piracicabano (SP) de 1954 a 1956; Palmeiras (SP) de 1956 a 1958; Milan (Itália) de 1958 a 1965; Napoli (Itália) de 1965 a 1972; Juventus (Itália) de 1972 a 1976; Chiasso (Suíça) de 1976 a 1979; Mendrisiostar (Suíça) de 1980 a 1981. Atuou 16 vezes pela seleção, três delas na Copa do Mundo de 1958.

Zito (meio-campo)

José Ely de Miranda nasceu em Roseira (SP), em 08/08/1932. Clubes em que jogou: Roseiras (SP); São Paulo de Pindamonhangaba (SP) e Taubaté (SP) – clubes amadores –, de 1948 a 1951; Santos (SP) de 1952 a 1967. Jogou pela seleção em 52 oportunidades, dez em Copas do Mundo – quatro em 1958.

Vavá (atacante)

Edvaldo Izídio Neto nasceu em Recife (PE), em 12/11/1934 e faleceu em 19/01/2002. Clubes em que jogou: Sport (PE) de 1949 a 1950; Vasco (RJ) de 1951 a 1958; Atlético de Madrid (Espanha) de 1958 a 1961; Palmeiras (SP) de 1961 a 1963; América (México) de 1964 a 1965 e de 1966 a 1967; Elche (Espanha) de 1965 a 1966; Toros Neza (México) de 1967 a 1968; San Diego Toros (EUA) de 1968 a 1969; Portuguesa (RJ) em 1969. Jogou 23 jogos pela seleção principal e mais duas pela seleção olímpica. Foram dez jogos em Copas do Mundo – quatro em 1958.

Dida (atacante)

Edvaldo Alves de Santa Rosa nasceu em Maceió (AL), em 26/03/1934 e faleceu em 17/09/2002. Clubes em que jogou: América (AL) em 1949; CSA (AL) de 1950 a 1953; Flamengo (RJ) de 1954 a 1964; Portuguesa de Desportos (SP) de 1964 a 1965; Atlético Júnior (Colômbia) de 1966 a 1968. Fez oito partidas pela seleção, uma delas em Copa do Mundo, exatamente na estreia da Copa da Suécia.

PEPE (PONTA-ESQUERDA)
José Macia nasceu em Santos (SP), em 25/02/1935. Jogou apenas no Santos, durante 15 anos (1954 a 1969). Fez 41 jogos pela seleção brasileira, mas não chegou a atuar em Copas do Mundo.

TÉCNICO VICENTE FEOLA
Vicente Ítalo Feola nasceu em 1/11/1909, em São Paulo (SP) e depois de uma carreira discretíssima como jogador (atuou por São Paulo da Floresta, Auto Esporte e Americano, todos da cidade de São Paulo) transformou-se em técnico na Portuguesa Santista. Pouco depois foi trabalhar no São Paulo, clube de coração e ao qual ficaria ligado até encerrar as suas atividades – trabalhou no clube em oito oportunidades e ganhou o Campeonato Paulista em 1948 e 1949. Dirigiu a seleção brasileira em um jogo, em 1955, mas só teria chance de fazer um trabalho mais importante em 1958, na Copa do Mundo da Suécia. Quando Paulo Machado de Carvalho assumiu o comando da comissão técnica convocou Feola – Carvalho também era ligado ao São Paulo. Depois de ganhar a Copa, dirigiu o Brasil no título da Copa América de 1959, nos Jogos Olímpicos de 1960 e seria o treinador na Copa de 1962, se não tivesse ficado doente no ano anterior. Foi substituído por Aymoré Moreira. Voltou nos Jogos Olímpicos de 1964 e foi também o técnico da Copa de 1966, na Inglaterra. O fracasso encerrou sua carreira na seleção do Brasil. Faleceu em 1975, poucos dias depois de completar 66 anos de idade.

1962
Chile

Em time que está ganhando...

Se a máxima do futebol "em time que está ganhando não se mexe" foi baseada em algum grupo vencedor de jogadores, a seleção brasileira bicampeã do mundo em 1962 deve ser esta equipe. O Brasil que conquistou a Copa do Mundo disputada no Chile tinha nada menos do que 14 jogadores campeões na Suécia, quatro anos antes. O time da estreia mandou a campo nove atletas que haviam participado da final do Mundial anterior. "Nós ganhamos o bi na experiência. Ganhar em 1962 foi muito mais difícil do que em 1958. Nosso time tinha muitos atletas acima dos 30 anos. O de 1958 jogou muito melhor", diz Zagallo, um dos mantidos no grupo, então com quase 31 anos.

O caminho para a seleção de 1962 havia sido traçado pela de 1958, como o Plano Paulo Machado de Carvalho. Ele foi seguido à risca mais uma vez para a Copa do Mundo do Chile. "O doutor Paulo foi uma das peças decisivas para a conquista dos Mundiais de 1958 e 1962. Era um verdadeiro pai de todos", destaca Pelé.

Dos 22 jogadores que foram ao Chile, nove tinham 30 anos ou mais – Nilton Santos, por exemplo, já havia completado 37. Na equipe que jogou a primeira partida, sete dos 11 jogadores estavam além dos 30. A mudança mais sensível estava no banco de reservas, porque problemas de saúde afastaram o técnico Vicente Feola da comissão técnica ainda no começo de 1961 – ele chegou a ficar oito meses de cama, por causa de problemas no coração, em 1962. Aymoré Moreira foi escolhido para substituí-lo, mas os demais integrantes do grupo de comando continuaram os mesmos: Paulo Amaral (preparador físico), Carlos Nascimento (supervisor) e Hilton Gosling (médico), todos sob a direção de Paulo Machado de Carvalho. "Você está agindo da maneira mais correta. É claro que temos que manter os campeões de quatro anos atrás", disse Carvalho a Aymoré, de acordo com Péris Ribeiro, no livro *Didi – o gênio da folha-seca*. Para se ter uma ideia de como procurou se modificar quase nada, até o avião fretado da Panair para ir ao Chile era o mesmo da Copa da Suécia, pilotado pelo mesmo comandante: Guilherme Bungner. Mesmo o insubstituível terno marrom usado por Paulo Machado de Carvalho, conhecido como Marechal da Vitória, foi repetido porque "deu sorte" no Mundial da Suécia – claro que os efeitos do tempo e do excesso de uso deixavam claro que ele era mais um veterano naquele grupo.

Depois do Mundial de 1958, Vicente Feola manteve a base vencedora e aos poucos foi testando alguns novos nomes: Paulo Valentim, Almir, Chinesinho, Coronel, Dorval, Henrique, Formiga, Décio

Esteves, Calazans. Julinho Botelho, de volta ao futebol doméstico, e Canhoteiro também ganharam novas oportunidades. Surgiram, no Santos, jovens atletas que faziam companhia a Pelé naquele que seria um dos maiores times de todos os tempos: Coutinho e Mengálvio, 19 e 22 anos respectivamente, estariam no Chile, ao lado de Zito, Pelé, Pepe e Gilmar, todos do Santos. Em 1959 foram disputadas duas edições da Copa América: o Brasil ficou em segundo na primeira, na Argentina, que foi campeã, e terminou em terceiro na segunda, no Equador, onde o campeão foi o Uruguai – mas nesta última a seleção não levou a equipe principal.

No ano seguinte, o calendário foi ocupado, principalmente, com o Campeonato Pan-Americano e com os Jogos Olímpicos de Roma, nos quais não estiveram os principais jogadores. Nos jogos em que a força máxima foi usada, Quarentinha, Delém, Sabará, Roberto, Écio, Servílio foram outros novos convocados por Vicente Feola.

Aymoré assume

A saúde frágil impediu Feola de continuar na direção do Brasil em 1961. Assumiu o cargo Aymoré Moreira: "Ele era um pouco diferente do Feola. Era mais falante, muito compreensível, mas também abria a possibilidade de conversarmos, trocar ideias sobre o time", lembra Djalma Santos. Naquele primeiro ano, a seleção brasileira disputou apenas cinco partidas e ganhou todas. Foram duas vitórias contra o Paraguai, em Assunção, e duas vitórias sobre o Chile, em Santiago, conquistando as Taças Oswaldo Cruz e Bernardo O'Higgins, respectivamente. Os triunfos em cima dos chilenos, no campo adversário são emblemáticos, já que ali aconteceria a próxima Copa. A quinta partida foi outra vitória sobre o Paraguai, no Maracanã, em jogo amistoso. Jair Marinho, Calvet, Amarildo, Gérson, Zequinha foram alguns jogadores que Aymoré observou naqueles poucos jogos de 1961.

A seleção brasileira convocada para a disputa do Chile se reuniu no Rio de Janeiro, em meados de março. Dali, o grupo seguiu para a preparação em Campos do Jordão (SP), Friburgo (RJ) e Serra Negra (SP). Os oito novatos, em relação a 1958, eram Amarildo, Mengálvio, Zequinha, Jair da Costa, Altair, Jurandir, Jair Marinho e Coutinho (o mais novo do grupo, com apenas 19 anos). "É claro que estávamos quatro anos mais velhos, com os músculos e nervos cansados. Mas, em compensação, quem poderia mostrar mais experiência como aquele time no Chile?", perguntou Didi, em entrevista a Péris Ribeiro. A preparação contou com seis jogos antes da viagem para o Chile. Primeiro foram dois contra o Paraguai, mais uma vez pela Taça Oswaldo Cruz, com duas goleadas brasileiras, uma no Maracanã e outra no Morumbi. Dois amistosos contra Portugal, outros dois contra o País de Gales (cada confronto com um jogo no Maracanã e outro no Pacaembu) e quatro vitórias do Brasil.

Mais uma vez três jogadores estavam convocados em cada posição, e na ponta-direita os candidatos eram Garrincha, Julinho Botelho e Jair da Costa. Julinho havia recusado o convite para estar na equipe de 1958 porque não achava justo, atuando no exterior, ocupar a vaga de alguém que jogava no Brasil. Para 1962, provavelmente seria o reserva de Garrincha, sobrando o corte para Jair da Costa. Mas no período em que a seleção treinou em Friburgo, Julinho teve uma distensão na virilha. O médico Hilton Gosling chegou a dizer que a seleção esperaria por ele até a véspera da estreia, mas outra vez Julinho tomou uma atitude rara: deu a si mesmo um prazo final, duas semanas antes do início da Copa do Mundo, para a recuperação. Como não conseguiu, de novo pediu dispensa e perdeu outra oportunidade de ser campeão do mundo, como já havia acontecido na Suécia.

Zagallo lembra que, inexplicavelmente, quando a seleção chegou ao Chile, Aymoré Moreira tentou mudar a forma como ele vinha atuando na seleção desde 1958.

– Ele não queria que eu voltasse para marcar e ajudar a armação no meio. Queria que eu ficasse lá na frente. Eu não entendi nada, porque tinha conseguido me impor na seleção exatamente porque jogava recuando. Se fosse para jogar fixo lá na frente, o melhor era escalar o Pepe. Mas quando fomos para o primeiro jogo, eu mantive minha característica, fazendo aquele vai e vem. Na segunda partida, a mesma coisa. Até que ele chegou à conclusão que era melhor deixar que eu atuasse como sempre – conta ele, acrescentando que ajudar na marcação era importante inclusive para dar cobertura a Nilton Santos, que era um atleta de 37 anos e já não tinha o vigor de antes.

Como atleta, Zagallo destaca que sempre teve uma condição orgânica excepcional, além de muito cuidado com o preparo físico.

– Eu lembro, inclusive, que o Flamengo jogava muito na Europa, naquelas excursões. E nós jogávamos quase todos os dias. O Fleitas Solich, treinador do time, dizia: "preciso muito de você, porque você aguenta o ritmo, os outros não".

Mudanças na defesa

O Brasil ficou concentrado em Viña Del Mar e lá mesmo fez a sua estreia contra o México. Em relação ao time que havia disputado a final da Copa de quatro anos atrás, apenas duas novidades. Ambas na defesa. Mauro Ramos ganhou a posição de Bellini, capitão na Copa anterior e Zózimo entrou no lugar de Orlando, que não foi ao Chile, pois na época já estava na Argentina, como jogador do Boca Juniors. A seleção nacional começou a partida com Gilmar, Djalma, Mauro, Zózimo e Nilton Santos; Zito, Didi e Zagallo; Garrincha, Vavá e Pelé. "O Brasil chegou como favorito. E o Pelé já era um jogador experiente, por isso a atenção era toda para ele. A minha responsabilidade era muito maior do que em 1958", diz o próprio Pelé. Coutinho provavelmente seria titular, no lugar de Vavá, repetindo na seleção a mesma dobradinha que fazia com Pelé no Santos. Mas, na véspera do início do Mundial, teve uma contusão muscular e ficou fora.

"Do jeito como o Brasil tinha ganhado a Copa de 1958, quando foi para o Chile, era o favorito para o título mais uma vez", conta Zagallo. "Era um time envelhecido, ganhou aquela competição na experiência." Daquela vez, "o Brasil era muito visado, porque era o campeão do mundo, a competição foi uma pedreira", concorda Djalma Santos.

Os jogadores também eram muito visados, principalmente pela imprensa, mas estabeleceu-se um clima de confiança mútua, entre jogadores, comissão técnica e dirigentes. Djalma Santos conta uma história que ilustra bem a cumplicidade.

> – Num dia de folga, eu e o Vavá saímos pela cidade e resolvemos tomar uma taça de vinho. Sabe como é, vinho chileno é bom e lá é baratinho. Nós estávamos lá e os jornalistas passando, olhando. Foram falar com o Carlos Nascimento, supervisor, que tinham visto a gente e tudo mais. Mas como eles tinham confiança nos jogadores, o Aymoré me chamou, perguntou se eu tinha bebido, eu disse que sim, uma taça. Ele

1962 • Veteranos repetem a dose 57

Agência O Globo

Garrincha observa
Schroif defender:
0 a 0 com
a Tchecoslováquia,
no único jogo
sem vitória.

assumiu e disse para os repórteres que não tinha problema nenhum, que todo mundo ali era responsável. Provavelmente, se não houvesse essa confiança, nós teríamos sido punidos e teria saído uma manchete "Djalma bêbado", ou alguma coisa assim – relata.

O Brasil não jogou bem contra o México. Gilmar foi figura importante no primeiro tempo, evitando gols do adversário, embalado por uma grande torcida no Estádio Sausalito. No segundo tempo, Pelé e Zagallo fizeram os gols que garantiram a vitória da seleção brasileira. Na segunda partida, o adversário foi a Tchecoslováquia, ainda em Viña Del Mar. A seleção campeã do mundo não conseguiu vencer a retranca adversária e a partida terminou 0 a 0. Mas o fato mais importante do jogo aconteceu aos 25 minutos do primeiro tempo, quando Pelé arriscou um chute de longa distância. A bola pegou na trave, mas ele imediatamente foi para o chão, sentindo muitas dores: distensão no músculo da perna direita. As regras ainda não previam a possibilidade de substituições, por isso Pelé permaneceu em campo até o fim, mas apenas como figurante; na prática o Brasil jogou com dez atletas, o que ajuda um pouco a explicar o placar sem gols. "É muito triste se machucar no meio de uma Copa do Mundo, é uma frustração muito grande", recorda Pelé. A frustração só não foi maior porque no final a equipe foi campeã.

Imediatamente Pelé passou a ser submetido a tratamento intensivo, na esperança que pudesse voltar a jogar no Mundial, quem sabe na partida seguinte contra a Espanha, quatro dias depois. Era só uma esperança. Para o lugar do jovem astro, Amarildo, atacante de 21 anos do Botafogo, foi o escolhido para formar dupla com Vavá no ataque.

– Com a saída do Pelé todos nós achamos que enfrentaríamos grandes dificuldades, mas o Amarildo mostrou o contrário, fez uma senhora Copa do Mundo. Era um garoto entre nós, os mais velhos. A substituição não pesou – esclarece Zagallo.

E acrescenta:

– Para mim não foi surpresa, porque ele jogava comigo no Botafogo. O importante foi que não sentiu entrar no lugar do Pelé, jogou como ele mesmo. Jogou como se estivesse no Botafogo. O cara para estar na reserva do Pelé tem que ser muito bom. E ele era.

Djalma lembra que quando Amarildo foi escolhido, "a preocupação era com o aspecto emocional, porque ele era muito jovem". Mas os mais velhos se encarregaram de conversar com ele, para deixá-lo à vontade. "E ele jogou muito bem, fez os gols como fazia no Botafogo". Ajudou também a presença de muitos jogadores do clube carioca na seleção, como Didi, Nilton Santos, Zagallo e Garrincha.

A última partida da primeira fase foi contra a Espanha e a principal preocupação da comissão técnica era com o jeito explosivo de Amarildo, apelidado de *Possesso* pelo jornalista e dramaturgo Nelson Rodrigues. Ele foi orientado a ter muita calma, pois seria provocado, xingado, receberia cusparadas... Não podia, de forma alguma, reagir e correr o risco de ser expulso, o que poderia complicar a situação brasileira.

Como se esperava, o jogo foi muito difícil. Aos 35 minutos do primeiro tempo, Abelardo fez 1 a 0 para a Espanha, que jogava melhor do que o Brasil. No começo do segundo tempo, a situação quase se complicou de vez quando Nilton Santos fez pênalti em Collar, mas deu um jeito de enganar o juiz, dando um passo para fora da área – imagem célebre daquele Mundial. O juiz marcou apenas falta. E Amarildo, que não tinha jogado bem no primeiro tempo, marcou duas vezes na etapa final e o Brasil ganhou por 2 a 1 – o segundo gol foi uma jogada de Garrincha, que driblou vários adversários antes de cruzar. Classificada para as quartas de final, a seleção brasileira continuaria em Viña Del Mar e teria pela frente a Inglaterra.

Para Djalma Santos, aquela partida da Espanha foi o momento mais delicado do Brasil na Copa do Mundo de 1962. "Foi um jogo muito duro, estávamos perdendo. No vestiário, no intervalo, conversamos muito. Aymoré lembrou que se perdêssemos estávamos fora. Teve o lance do Nilton, mas conseguimos virar. Mal ou bem, ficamos com a vaga."

Expulsão de Garrincha

Segundo Ruy Castro, autor de *Estrela solitária – um brasileiro chamado Garrincha*, a partida contra a Inglaterra é considerada uma das maiores exibições da carreira do ponta-direita. Naquele jogo, fez de tudo, em todas as posições. O primeiro gol, por exemplo, foi de cabeça, coisa que quase nunca acontecia. O Brasil fez 1 a 0 aos 30 minutos do primeiro tempo. A Inglaterra conseguiu empatar oito minutos depois, com Hitchens. No começo do segundo tempo, Garrincha cobrou uma falta com muita força e o goleiro não conseguiu segurar. Vavá apareceu para colocar o Brasil de novo na frente. E o terceiro gol aconteceu numa outra cobrança de falta de Garrincha, dessa vez ao estilo "folha-seca" de Didi: 3 a 1, aos 14 minutos, colocando o Brasil na semifinal. A atuação do ponta-direita poderia ter sido ainda

1962 • Veteranos repetem a dose **61**

Garrincha finaliza contra a Inglaterra: 3 a 1 e passagem para a semifinal.

mais consagradora se o goleiro Springett não tivesse defendido um pênalti cobrado por ele, aos 21 minutos da etapa final. "O Garrincha vinha jogando muito bem, mesmo antes da saída do Pelé. Ele fez gol de cabeça, de pé esquerdo, de tudo que é jeito", diz Djalma Santos.

"Meu relacionamento com o Garrincha era maravilhoso. Ele se superou naquela Copa. O Amarildo, que me substituiu, também jogou muito bem", diz Pelé. Classificada para a semifinal, a seleção brasileira teve de deixar Viña del Mar e se mudar para a capital Santiago, justamente para enfrentar os donos da casa, tentando chegar mais uma vez à decisão.

O Estádio Nacional estava repleto com aproximadamente 75 mil pessoas. E elas viram mais uma grande exibição de Garrincha, o principal nome daquele Mundial. Com 31 minutos, o Brasil já vencia por 2 a 0, dois gols do atacante brasileiro, que arrasava com o seu marcador, Rojas. No finalzinho do primeiro tempo, Toro diminuiu para o Chile, mas logo aos 3 minutos da etapa final, Vavá fez 3 a 1, finalizando mais uma jogada de Garrincha. Sanches diminuiu para o Chile, mas outra vez Vavá marcou, consolidando a vitória e a passagem para a final. No entanto, já com o jogo definido, aconteceu o lance que causou muita polêmica naquele Mundial: a expulsão de Garrincha. Depois de apanhar durante todo o jogo, aos 39 minutos revidou uma agressão de Rojas e acabou expulso pelo árbitro peruano Arturo Yamazaki, alertado pelo bandeirinha uruguaio Esteban Martino.

O Estádio Nacional, em Santiago, foi também o palco da decisão do Mundial, e a Tchecoslováquia o adversário – depois de vencer a Iugoslávia por 3 a 1, na semifinal. Só que antes da partida, os brasileiros montaram uma grande operação para garantir a presença de Mané Garrincha naquela busca pelo bicampeonato. Contatos foram feitos para que o primeiro-ministro brasileiro Tancredo Neves

Arquivo do Estado de SP

Garrincha finaliza: assumindo a responsabilidade de Pelé.

Garrincha e Didi comemoram gol contra o Chile: sem Pelé, Mané transformou-se no grande astro do Mundial.

Arquivo Nacional

enviasse um telegrama pedindo a absolvição de Garrincha, o presidente peruano Manuel Prado y Ugarteche recomendou que o árbitro Yamazaki não "carregasse" demais o relatório e também foi oferecida uma passagem a Paris ao bandeirinha Martino, que embarcou no dia seguinte ao jogo, inviabilizando um eventual depoimento à comissão disciplinar da Fifa. Yamazaki escreveu na súmula que "não vira" a agressão de Garrincha, e como Martino já não estava mais em Santiago para prestar qualquer declaração, Mané Garrincha foi absolvido e liberado para disputar a decisão da Copa do Mundo de 1962.

"Ninguém é tão bicampeão"

A Tchecoslováquia já havia enfrentado o Brasil na primeira fase – 0 a 0, o jogo da contusão de Pelé. Como a recuperação da jovem estrela brasileira tinha sido surpreendente desde então, chegou-se a cogitar a presença dele na decisão. No entanto, o médico Hilton Gosling vetou, embora a comissão técnica da equipe tenha deixado escapar propositalmente a dúvida. Segundo Djalma Santos, integrantes da comissão técnica chegaram a pensar em um teste com Pelé na véspera da final. "Mas o doutor Gosling disse que ele não podia jogar. E desistiram do teste, afinal como ficaria o Amarildo, sabendo que poderia não jogar a decisão?". No dia do jogo, outro problema: Garrincha amanheceu com 39 graus de febre. Contudo, o que já havia construído ao longo da Copa era suficiente para preocupar a marcação adversária, abrindo espaço para que os outros brilhassem e resolvessem a partida.

Diferentemente do que havia acontecido em 1958, quando a seleção mudou praticamente metade da sua escalação ao longo do

1962 • Veteranos repetem a dose 65

Arquivo Nacional

Djalma Santos, Garrincha, Vavá e Zagallo comemoram: quase mesma equipe de 1958 usa experiência e confirma o favoritismo.

Mundial, no Chile a equipe que disputou a final tinha apenas uma alteração em relação à que começou: Amarildo no lugar de Pelé. Ou seja, estavam em campo oito jogadores que participaram da final de 1958 contra a Suécia. No entanto, assim como havia acontecido naquela Copa, o Brasil saiu perdendo também no Chile: Masopust abriu o placar aos 15 minutos. A seleção brasileira não teve nem tempo de acusar o golpe, porque Amarildo conseguiu o empate dois minutos depois. A virada só aconteceu aos 14 minutos do segundo tempo, com Zito. E Vavá completou a vitória de 3 a 1. A seleção brasileira dominou totalmente o jogo e chegou a dar "olé" no final.

Sobre 1962, Didi declara no livro *Didi – o gênio da folha-seca*: "Não há, em toda história das Copas, uma equipe tão bicampeã como aquela nossa. Tão gloriosa! E provo o que digo. Porque a Itália, bi em 1934 e 1938, repetiu apenas dois jogadores. Já o Brasil foi praticamente o mesmo". Djalma Santos sentiu mais emoção em 1958: "A primeira vez é sempre mais emocionante, mas é claro que ser bi também foi muito bom. Quando terminou o jogo, logo veio o pensamento de como estariam a família no Brasil, os amigos, o povo brasileiro".

Zagallo, também presente na Suécia, acrescenta:

– Foram duas conquistas inéditas. Porque em 1958, foi a primeira vez que o Brasil ganhou uma Copa. E em 1962 éramos os primeiros brasileiros a ser bicampeões. Na época, eu não levava muito em conta o fato de estarmos entrando para a história, até porque não tinha ideia de onde poderia chegar com mais aquela conquista. Mais uma vez a recepção da torcida brasileira foi uma coisa impressionante, embora nós já soubéssemos o que ia acontecer, por causa de 1958.

1962 • Veteranos repetem a dose 67

Agência O Globo

Gol de Vavá na decisão: time veterano garante o bicampeonato em Santiago.

A seleção brasileira, daquela vez, fez uma parada em Brasília, que em 1958 ainda não era a capital. Os jogadores tiveram um encontro com o presidente João Goulart e seguiram para o Rio de Janeiro, onde se repetiu o longo desfile em carro do Corpo de Bombeiros de quatro anos antes.

QUEM FALTOU?

MAZZOLA, O CAMPEÃO QUE VIROU ADVERSÁRIO E PERDEU O BI

Campeão do mundo em 1958 com a seleção brasileira, José João Altafini, apelidado Mazzola, poderia estar também na foto do bicampeonato, quatro anos depois, no Chile. Mas em vez de participar da volta olímpica no Estádio Nacional, ficou sabendo do novo triunfo brasileiro pela televisão, porque, para ele, a competição terminou muito antes, ainda na primeira fase, quando a Itália foi eliminada.

Muitos jogadores já deixaram de ir a uma Copa por contusão poucos dias antes de a bola rolar. Outros perderam a chance por preferência exclusiva de técnicos – e vários entraram para a história como "injustiçados". Houve quem ficasse fora da lista final por questões disciplinares. Altafini, como era chamado quando jogou na Itália, deixou de ser bicampeão ao naturalizar-se italiano e disputar a competição por outra equipe, como permitia o regulamento da época.

Mazzola nasceu em Piracicaba, no interior de São Paulo, em 24 de julho de 1938. Atacante, fez seus primeiros gols no Clube Atlético Piracicabano, rival do XV de Novembro. A equipe deixou de ser profissional quando ele ainda estava nos juvenis e, com apenas 17 anos, transferiu-se para o Palmeiras. Ali ganhou o apelido pela semelhança física com Valentino Mazzola, craque e capitão do lendário time de Torino que dominou o futebol italiano no final dos anos 1940 – equipe destruída em um desastre de avião em 4 de maio de 1949.

De Mazzola a Altafini

Foi como Mazzola que ele chegou à seleção brasileira e disputou a Copa de 1958, tendo marcado, inclusive, o primeiro gol brasileiro na competição, na vitória de 3 a 0 sobre a Áustria (fez também o terceiro). Depois do 0 a 0 com a Inglaterra no segundo jogo, ficou de fora do terceiro, na vitória de 2 a 1 sobre a Espanha. A razão? Foi substituído pelo garoto sensação que surgia, Pelé. Mazzola ainda teve o privilégio de jogar no ataque ao lado de Pelé, na partida das quartas de final contra o País de Gales e testemunhou em campo o primeiro gol em mundiais daquele que seria o maior jogador de futebol de todos os tempos. Mazzola fez 11 jogos com a camisa da seleção e oito gols.

Logo depois do retorno da delegação da Suécia, em 1958, Mazzola foi negociado com o poderoso Milan, gigante do futebol europeu. Na Itália, o apelido foi esquecido e ele passou a ser chamado Altafini. Em sua primeira temporada por lá fez 28 gols em 32 partidas e foi campeão. Voltou a conquistar o título italiano em 1962, quando terminou como um dos artilheiros da competição, com 22 gols em 33 partidas. Foi ainda campeão europeu em 1963.

Depois da naturalização, passou a ser convocado para a seleção italiana e jogou a Copa de 1962, no Chile. Esteve presente nas três partidas da equipe, eliminada melancolicamente ainda na primeira fase: 0 a 0 com a Alemanha; 0 a 2 com o Chile e 3 a 0 com a Suíça. Alemanha e Chile se classificaram e a Itália voltou para casa.

Em 1965, trocou o Milan pelo Napoli – e ali foram mais sete anos. Com direito a uma final de Copa da Itália, perdi-

Mazzola: campeão em 1958, eliminado em 1962.

Arquivo do Estado de SP

da, ironicamente, para o Milan. Em 1973, mudou-se para o Juventus, onde foi campeão italiano mais duas vezes, em 1973 e 1975. Em 16 temporadas no futebol italiano, disputou 459 partidas pela Série A e marcou 216 gols. Nas oito primeiras teve um aproveitamento muito melhor, 134 gols, enquanto nas outras fez 53. Ainda jogou mais quatro temporadas na Suíça, pelas equipes do Chiasso e do Mendrisiostar, antes de encerrar a carreira aos 42 anos de idade, em 1981. Depois de tantos anos jogando e morando na Itália, foi lá que Altafini preferiu fixar-se após pendurar as chuteiras. Mas não se afastou do futebol: passou a trabalhar como comentarista esportivo em emissoras de televisão, além de apresentar um programa de rádio nas tardes de sábado.

QUEM ESTAVA LÁ

GILMAR (GOLEIRO)

Gylmar dos Santos Neves nasceu em Santos (SP), em 22/08/1930. Jogou no Jabaquara (SP) em 1951; Corinthians (SP) de 1951 a 1961; Santos (SP) de 1962 a 1969. Atuou 102 vezes pela seleção e disputou 14 partidas em Copas do Mundo. No Chile, foi titular nos seis jogos.

DJALMA SANTOS (LATERAL-DIREITO)

Dejalma dos Santos nasceu em São Paulo (SP), em 27/02/1929. Clubes em que jogou: Portuguesa de Desportos (SP) de 1948 a 1958; Palmeiras (SP) de 1958 a 1968; Atlético Paranaense (PR) de 1969 a 1970. Tem 113 jogos pela seleção e 12 partidas em Copas do Mundo. Jogou as seis partidas de 1962.

MAURO (ZAGUEIRO)

Mauro Ramos de Oliveira nasceu em Poços de Caldas (MG), em 30/08/1930 e faleceu em 18/09/2002. Clubes em que jogou: Sanjoanense (SP) em 1947; São Paulo (SP) de 1948 a 1959; Santos (SP) de 1960 a 1966; Toluca (México) em 1967; Oruro (México) em 1968. Vestiu a camisa da seleção brasileira em 30 jogos, seis deles em Copas do Mundo - todos na Copa de 1962. Foi o capitão da equipe.

ZITO (MEIO-CAMPO)

José Ely de Miranda nasceu em Roseira (SP), em 08/08/1932. Clubes em que jogou: Roseiras (SP), São Paulo de Pindamonhangaba (SP) e Taubaté (SP) - clubes amadores -, de 1948 a 1951; Santos (SP) de 1952 a 1967. Jogou pela seleção em 52 oportunidades, dez em Copas do Mundo - seis em 1962.

Zózimo (zagueiro)

Zózimo Alves Calazães nasceu em Salvador (BA), em 19/06/1932 e faleceu em 17/07/1977. Clubes em que jogou: São Cristóvão (RJ) de 1948 a 1950; Bangu (RJ) de 1951 a 1965; Flamengo (RJ) em 1965; Portuguesa (RJ) de 1965 a 1966; Esportiva de Guaratinguetá (SP) em 1966; Sporting Cristal (Peru) de 1966 a 1967. Atuou 36 vezes com a camisa da seleção brasileira principal, além de três pela seleção olímpica. Em Copas do Mundo foram seis partidas – todas no Chile.

Nilton Santos (lateral-esquerdo)

Nilton dos Reis Santos nasceu no Rio de Janeiro (RJ), em 16/05/1925. Jogou em apenas um clube, durante 17 anos: Botafogo (RJ) de 1948 a 1964. Das 85 partidas que disputou pela seleção brasileira, 15 foram em Copas do Mundo. Foi titular nas seis partidas do Chile.

Garrincha (ponta-direita)

Manoel dos Santos nasceu em Pau Grande (RJ), em 28/10/1933 e faleceu em 20/01/1983. Clubes em que jogou: Botafogo (RJ) de 1953 a 1965; Corinthians (SP) em 1966; Portuguesa (RJ) em 1967; Atlético Junior (Colômbia) em 1968; Flamengo (RJ) de 1968 a 1969; Olaria (RJ) de 1971 a 1972. Fez 60 jogos pela seleção, 12 deles em Copas do Mundo – jogou seis partidas no Chile.

Didi (meio-campo)

Waldir Pereira nasceu em Campos (RJ), em 08/10/1928 e faleceu em 12/05/2001. Clubes em que jogou: Rio Branco (RJ) em 1947; Lençoense (SP) em 1947; Madureira (RJ) de 1948 a 1949; Fluminense (RJ) de 1949 a 1956; Botafogo (RJ) de 1956 a 1958, de 1960 a 1962 e de 1964 a 1965; Real Madrid (Espanha) de 1959 a 1960; Sporting Cristal (Peru) em 1963; Vera Cruz (México) de 1965 a 1966; São Paulo (SP) em 1964 e em 1966. Dos 75 jogos em que atuou pela seleção brasileira, 15 foram em Copas do Mundo. Disputou as seis partidas de 1962.

1962 • Veteranos repetem a dose 75

Arquivo Nacional

Time campeão em 1962: oito atletas estavam também na fotografia da decisão de 1958.

Coutinho (atacante)
Antônio Wilson Vieira Honório nasceu Piracicaba (SP), em 11/06/1943. Clubes em que jogou: Santos (SP) de 1958 a 1968 e em 1970; Vitória (BA) em 1968; Portuguesa de Desportos (SP) em 1969; Atlas (México) em 1971; Bangu (RJ) de 1971 a 1972; Saad (SP) em 1973. Fez 15 jogos pela seleção, mas não chegou a atuar na Copa do Mundo.

Pelé (atacante)
Edson Arantes do Nascimento nasceu em Três Corações (MG), em 23/10/1940. Clubes em que jogou: Santos (SP) de 1956 a 1974; New York Cosmos (EUA) de 1975 a 1977. Foram 114 jogos pela seleção, 14 deles em Copas do Mundo. No Chile, jogou duas vezes.

Pepe (ponta-esquerda)
José Macia nasceu em Santos (SP), em 25/02/1935. Jogou apenas no Santos (SP), durante 15 anos (1954 a 1969). Fez 41 jogos pela seleção brasileira, mas não chegou a atuar em Copas do Mundo.

Jair Marinho (zagueiro)
Jair Marinho de Oliveira nasceu em Santo Antônio de Pádua (RJ), em 17/07/1936. Clubes em que jogou: Fluminense (RJ) de 1956 a 1963; Portuguesa de Desportos (SP) de 1964 a 1965; Corinthians (SP) de 1965 a 1967; Vasco (RJ) em 1967; Campo Grande (RJ) em 1970. Jogou cinco vezes pela seleção brasileira, mas não atuou na Copa.

Bellini (zagueiro)
Hideraldo Luiz Bellini nasceu em 07/06/1930, em Itapira (SP). Clubes em que jogou: Itapirense (SP) de 1947 a 1948; Sanjoanense (SP) de 1949 a 1951; Vasco (RJ) de 1952 a 1961; São Paulo (SP) de 1962 a 1967; Atlético Paranaense (PR) de 1968 a 1969. Jogou 58 vezes com a camisa da seleção brasileira, oito em Copas do Mundo – não jogou no Chile.

JURANDYR (ZAGUEIRO)
Jurandyr de Freitas nasceu em Marília (SP), em 12/11/1940 e faleceu em 06/03/1996. Clubes em que jogou: Corinthians de Marília (SP) de 1959 a 1960; São Bento (SP) de 1960 a 1962; São Paulo (SP) de 1962 a 1972; Marília (SP) em 1972; Operário (MT) em 1973; Amparo (SP) em 1976; União de Mogi (SP) em 1979. Jogou 16 vezes pela seleção principal e duas pela equipe olímpica. Não atuou na Copa do Mundo.

ALTAIR (ZAGUEIRO)
Altair Gomes de Figueiredo nasceu em Niterói (RJ), em 22/01/1938. Durante 16 anos (1955 a 1970) só jogou no Fluminense (RJ). Jogou 22 vezes pela seleção brasileira, duas delas em Copas do Mundo – não jogou no Chile.

ZEQUINHA (MEIO-CAMPO)
José Ferreira Franco nasceu em Recife (PE), em 18/11/1934. Clubes em que jogou: Auto Esporte (PB) de 1954 a 1955; Santa Cruz (PE) de 1955 a 1957; Palmeiras (SP) de 1958 a 1965 e de 1965 a 1968; Fluminense (RJ) em 1965; Atlético Paranaense (PR) de 1968 a 1970; Náutico (PE) em 1970. Jogou 17 vezes pela seleção brasileira, mas nenhuma na Copa do Mundo.

MENGÁLVIO (MEIO-CAMPO)
Mengálvio Pedro Figueiró nasceu em Laguna (SC), em 17/12/1939. Clubes em que jogou: Aimoré (RS) de 1957 a 1959; Santos (SP) de 1960 a 1967 e em 1969; Grêmio (RS) em 1968; Millonarios (Colômbia) em 1969. Foram 15 jogos pela seleção brasileira, nenhum na Copa do Mundo.

JAIR DA COSTA (MEIA-ATACANTE)
Jair da Costa nasceu em Santo André (SP), em 09/07/1940. Clubes em que jogou: Portuguesa de Desportos (SP) de 1960 a 1962; Internazionale (Itália) de 1962 a 1967 e de 1969 a 1972; Roma (Itália) de 1967 a 1968; Santos (SP) de 1972 a 1974; Windsor Star (Canadá) de 1974 a 1976. Fez 41 jogos pela seleção brasileira, cinco em Copas do Mundo, nenhum no Chile.

Vavá (atacante)

Edvaldo Izídio Neto nasceu em Recife (PE), em 12/11/1934 e faleceu em 19/01/2002. Clubes em que jogou: Sport (PE) de 1949 a 1950; Vasco (RJ) de 1951 a 1958; Atlético de Madrid (Espanha) de 1958 a 1961; Palmeiras (SP) de 1961 a 1963; América (México) de 1964 a 1965 e de 1966 a 1967; Elche (Espanha) de 1965 a 1966; Toros Neza (México) de 1967 a 1968; San Diego Toros (EUA) de 1968 a 1969; Portuguesa (RJ) em 1969. Atuou em 23 jogos pela seleção principal e mais dois pela seleção olímpica. Foram dez jogos em Copas do Mundo – seis em 1962.

Amarildo (atacante)

Amarildo Tavares Silveira nasceu em Campos (RJ), em 29/07/1940. Clubes em que jogou: Goytacaz (RJ) de 1956 a 1957; Flamengo (RJ) em 1958; Botafogo (RJ) de 1959 a 1963; Milan (Itália) de 1963 a 1967; Fiorentina (Itália) de 1967 a 1971; Roma (Itália) de 1971 a 1972; Vasco (RJ) de 1973 a 1974. Fez 25 jogos pela seleção, quatro na Copa do Mundo do Chile.

Zagallo (ponta-esquerda)

Mário Jorge Lobo Zagallo nasceu em Maceió (AL), em 09/08/1931. Clubes em que jogou: América (RJ) de 1948 a 1949; Flamengo (RJ) de 1950 a 1958; Botafogo (RJ) de 1958 a 1965. Atuou em 36 jogos pela seleção, 12 deles em Copas do Mundo – esteve em todos os seis jogos no Chile.

Castilho (goleiro)

Carlos José Castilho nasceu no Rio de Janeiro (RJ), em 27/11/1927 e faleceu em 02/02/1987. Ídolo do Fluminense (RJ) durante 18 anos (de 1947 a 1965) jogou também no Olaria (RJ) no começo da carreira, e no Paysandu (PA), no final. Atuou em 29 jogos pela seleção brasileira, sendo três em Copas do Mundo. No Chile não chegou a jogar.

Técnico Aymoré Moreira

Aymoré Moreira nasceu em Miracema (RJ) em 24 de abril de 1912. Entrou no futebol como ponta-direita, mas em pouco tempo percebeu que o futuro estava no gol. Jogou pelo América (RJ) e pelo Palestra Itália, mas foi no Botafogo (RJ) que ficou mais tempo – entre 1936 e 1946. Chegou a ser convocado algumas vezes para a seleção brasileira. Mas seu sucesso no futebol foi mesmo como técnico, dirigindo a seleção em duas oportunidades, entre 1961 e 1963 (conquistando a Copa do Chile) e entre 1967 e 1968. Foi técnico do Brasil em 61 partidas, com 37 vitórias. Além da Copa, ganhou pela seleção a Taça Oswaldo Cruz (1961 e 1962), a Taça Bernardo O'Higgins (1961 e 1966), Copa Roca (1963) e Copa Rio Branco (1967). Trabalhou ainda nos seguintes clubes: Bangu (RJ), Palmeiras (SP), Portuguesa de Desportos (SP), Botafogo (RJ), São Paulo (SP), Corinthians (SP), Ferroviária (SP), Galícia (BA) e Taubaté (SP). Faleceu em 26 de julho de 1998, em Salvador (BA).

1970
México

A vitória da maior de todas

Ainda faltavam 20 minutos para o jogo acabar. Mas já era muito difícil organizar os pensamentos, executar as jogadas com precisão. Era, sobretudo, complicado enxergar a bola com os olhos cheios de água. Tostão sabia quão árduo tinha sido o caminho para chegar até a decisão do Mundial de 1970, no México, e conquistar o tricampeonato – já uma certeza aos 26 minutos do segundo tempo, quando Jairzinho marcou o terceiro gol na vitória de 4 a 1 sobre a Itália. "É o maior título, a maior emoção. Até hoje a ficha não caiu totalmente", garante, quase 40 anos depois. A seleção que conquistou em definitivo a Taça Jules Rimet entrou para a história como o melhor time já montado na história dos mundiais.

Uma equipe que desde a sua formação, um ano antes com o jornalista João Saldanha no comando, já tivera seus jogadores apelidados de "feras". Mesmo assim, a certeza de que um capítulo importante da história estava sendo escrito só veio mesmo quando a seleção conseguiu vencer as primeiras partidas, no México.

"Como toda equipe excepcional, aquela só demonstrou seu valor com a Copa em andamento" - lembra Tostão. "O jogo com a Inglaterra foi um momento marcante, porque os ingleses eram os favoritos. O grande erro da seleção de 2006, por exemplo, foi ter sido chamada de grande muito antes da competição" - alfineta.

Como se verá mais adiante, a disputa com a Inglaterra é mesmo simbólica para quase todos os integrantes daquele grupo. Só que muita coisa aconteceu antes, inclusive uma mudança radical na equipe que disputou as eliminatórias. A história tem início em 1969, quando, para surpresa geral, o jornalista João Saldanha foi convidado a assumir a direção técnica da seleção brasileira, substituindo Aymoré Moreira. Ele já havia exercido a função no Botafogo, clube do coração, no final dos anos 1950, tendo conquistado, inclusive, o campeonato carioca de 1957. Era uma figura muito popular, além de ativo militante do Partido Comunista.

- Foi um golpe de mestre do presidente da CBD, João Havelange - opina Carlos Alberto Torres, capitão do tricampeonato. A situação era muito complicada depois do fracasso de 1966, muita desconfiança dos torcedores e da imprensa em relação à Copa de 1970. E claro que logo de cara ele teria todo apoio da imprensa, porque fazia parte dela, era um "monstro sagrado" do jornalismo. Além disso, o povão adorava o Saldanha e ele já chegou com a corda toda, dizendo que queria um time de "feras".

Época de ditadura militar no país e a CBD convida um comunista para dirigir a equipe nacional? Mais do que isso: chama um jornalista crítico ferrenho da própria entidade? Carlos Alberto deve ter razão: foi um golpe de mestre. O jornalista Luiz Mendes, em entrevista a André Iki Siqueira, autor de *João Saldanha – uma vida em jogo*, apresentou uma teoria interessante: Havelange seria fã de Getúlio Vargas, que costumava convidar para seu governo inimigos políticos, como forma de vencer resistências. O presidente da CBD colocou no comando da seleção o jornalista mais popular do país e o que criticava de maneira mais contundente a desorganização que tomou conta do futebol brasileiro desde a Copa da Inglaterra de 1966. Tirou, ou pelo menos diminuiu muito, o poder de fogo do seu maior crítico.

Saldanha foi convidado e aceitou em fevereiro de 1969. E ao ser apresentado como novo técnico, anunciou os 22 jogadores, definindo titulares e reservas, convocados para o primeiro amistoso. "Meu time são 11 feras dispostas a tudo. Irão comigo até o fim. Para a glória ou para o buraco." Tostão recorda ainda que antes de Saldanha assumir, em 1969, quando a equipe tinha Aymoré Moreira como técnico, não havia nenhuma estrutura tática. "Tanto que numa excursão que fizemos à Europa, o time jogou com três canhotos no meio-campo, Gérson, Rivellino e Tostão."

Félix, Carlos Alberto, Brito, Djalma Dias e Rildo; Piazza, Gérson e Dirceu Lopes; Jairzinho, Pelé e Tostão. Esse foi o time escalado por Saldanha nos primeiros jogos, realizando seis amistosos ou jogos-treino até o início das eliminatórias – venceu todos. Para a disputa da classificação para a Copa do Mundo, o esquema ficou mais ofensivo, um 4-2-4. Félix, Carlos Alberto, Djalma Dias, Joel Camargo e Rildo; Piazza e Gérson; Jairzinho, Tostão, Pelé e Edu. Foram seis vitórias contra Colômbia, Venezuela e Paraguai – até hoje a única seleção a vencer todas as partidas das eliminatórias, ressalvando-se que o sistema de disputa da época previa um número bem menor de jogos do que aconteceria mais tarde.

> – O Saldanha foi muito inteligente. Colocou no time titular seis jogadores do Santos, a melhor equipe do Brasil na época. Toda a defesa era do Santos, mais o Pelé e o Edu. Isso facilitou muito o entrosamento. Piazza e Tostão jogavam no Cruzeiro e o Gérson e o Jairzinho no Botafogo – diz Carlos Alberto. Ou seja, eram jogadores de três times.

"Às vezes eu ou o Pelé voltávamos para buscar a bola. No Cruzeiro eu jogava mais recuado", completa Tostão.

Zagallo chega e muda

Entre a estreia nos amistosos e o final das eliminatórias, Saldanha dirigiu a seleção brasileira em 13 partidas – venceu todas, de abril a agosto de 1969. O ano terminaria com um amistoso contra o Atlético Mineiro e uma surpreendente derrota por 2 a 1, no Mineirão, em Belo Horizonte (MG). Era o prenúncio do que viria nos jogos preparatórios para a Copa, no início de 1970. Os confrontos iniciais foram com a Argentina, primeiro no Beira-Rio, em Porto Alegre (RS), com derrota de 2 a 0, e depois no Maracanã, com vitória por 2 a 1. "Em 1970, o Saldanha resolveu mexer no time, desfez aquela equipe das eliminatórias, ficou difícil reencontrar o entrosamento, não estávamos jogando bem", conta Carlos Alberto.

Em novembro de 1969, Saldanha fez uma viagem ao México e à Europa para observar eventuais adversários no Mundial. E na volta promoveu uma série de cortes e convocações no grupo que havia conquistado a vaga no Mundial. Até Pelé reagiu: "Não será muito cedo para tantas modificações na seleção? Não julgo ser essa a melhor hora para novas convocações", disse, em entrevistas. Some-se a isso o endurecimento da ditadura com a chegada de Emílio Garrastazu Médici à presidência e o fato de, nas entrevistas concedidas no exterior, Saldanha sempre aproveitar para denunciar a tortura, os desaparecimentos de militantes de esquerda e as mortes nas prisões. Para piorar tudo, o temperamento explosivo do técnico da seleção ainda proporcionava episódios frequentes de desinteligência, como quando foi à concentração do Flamengo, no Rio de Janeiro, para, de arma em punho, tentar tirar satisfações com o técnico da equipe carioca Yustrich (apelido de Dorival Knipel), que havia feito críticas à forma de a seleção atuar.

Em abril de 1970, depois de um empate de 1 a 1 com o Bangu, João Saldanha foi demitido do cargo e para o seu lugar foi escolhido Mário Jorge Lobo Zagallo, então técnico do Botafogo e bicampeão mundial como jogador (1958 e 1962). Na verdade, ele foi a segunda opção da CBD, porque o primeiro nome da lista era Dino Sani, mas os próprios dirigentes consideraram que ele era ainda muito inexperiente para dirigir a seleção em uma Copa do Mundo.

– Eu me surpreendi quando o Saldanha foi colocado como técnico, porque naquela oportunidade eu esperava ter sido escolhido, até porque os principais nomes da comissão técnica eram do Botafogo e trabalhavam comigo: Admildo Chirol e Lídio de Toledo – recorda Zagallo. Eu me lembro que estava no México quando Saldanha foi anunciado. E quem me deu a notícia foi o Oldemário Touguinhó, repórter do *Jornal do Brasil*. Não acreditei na hora, só tivemos a confirmação uns dois dias depois, porque naquela época o acesso às informações era bem mais demorado.

Pouco mais de um ano depois daquela surpresa, Zagallo estava dirigindo um treino do Botafogo quando Antônio do Passo, diretor da CBD, chegou e fez o convite para que substituísse Saldanha e iniciasse imediatamente o trabalho, afinal a Copa começaria em dois meses.

– Eu tinha visto os jogos e me lembro de ter dito ao Russo, supervisor da seleção, que o time tinha ido bem nas eliminatórias jogando no 4-2-4, mas para uma Copa do Mundo aquilo era um retrocesso, pois em 1958 e 1962 nós já tínhamos jogado num 4-3-3, porque eu era ponta-esquerda, mas jogava recuado no meio-campo – afirma Zagallo, que ao assumir já tinha uma ideia muito clara de como pretendia armar a seleção.

Era a segunda vez que Zagallo ocupava uma vaga de Saldanha. Anos antes, quando o técnico-jornalista teve de fazer uma viagem ao exterior, deixou de apresentar por algumas semanas o *Na zona do Agrião*, comentário diário apresentado na TV Globo, entre 1966 e 1968. Zagallo foi convidado e assumiu a função na ausência do titular.

A primeira providência do novo técnico foi cortar Zé Carlos e Dirceu Lopes, dois jogadores de meio-campo do Cruzeiro, e convocar Roberto Miranda e Dario (Botafogo e Atlético Mineiro, respectivamente). A ideia era ter um atacante de referência, com presença de área, jogando mais fixo, além de colocar um ponta-esquerda recuado, como ele mesmo havia sido. Roberto Miranda seria o titular do ataque e Paulo César Caju seria o ponta. Tostão, titular nas eliminatórias, foi para a reserva de Pelé. É preciso lembrar que Tostão, logo depois do final da etapa de classificação para o México, em 24 de setembro de 1969, recebeu uma violenta bolada no olho e teve descolamento de retina num jogo entre Corinthians e Cruzeiro, numa noite de muita chuva no Pacaembu. O jogador passou por cirurgia, ficou seis meses longe dos gramados e ninguém tinha certeza se voltaria a atuar – muito menos se teria condições de disputar uma Copa do Mundo.

Jairzinho lembra que o presidente Médici, ainda com Saldanha como técnico, deu uma entrevista dizendo que faltava o atacante Dario na seleção. E até hoje muita gente garante que ele só foi chamado por Zagallo para satisfazer ao ditador: "Todos nós sabíamos disso. O Dario era boa pessoa, artilheiro, mas muito ruim para estar na seleção de 1970. Ele ficava até constrangido. Todos nós sabíamos da situação, só não pioramos o que já era constrangedor". Mas Jairzinho, o artilheiro da seleção do Mundial de 1970, enaltece o técnico quando lembra que ele conseguiu colocar cinco "camisas 10" no mesmo time, referindo-se a Pelé, Tostão, Rivellino, Jairzinho e Gérson. "Zagallo foi gênio ao juntar todos eles."

Remontando o time

Zagallo tinha apenas 39 anos de idade quando assumiu a seleção e, além de bicampeão como jogador, já ostentava títulos dirigindo o Botafogo. Carlos Alberto Torres lembra:

– Ele tinha parado de jogar havia muito pouco tempo. Tinha sido companheiro dele no Botafogo, quase todo mundo tinha jogado com ele ou contra ele. Então, quando chegou, era como se ele fosse mais um jogador, mais experiente, um pouco mais velho. Sempre gostou de trocar ideias com os atletas, tinha o hábito de perguntar o que nós achávamos disso ou daquilo.

O próprio Zagallo conta como foi seu primeiro contato com os jogadores no primeiro treino da seleção:

– O Pelé veio na minha direção, colocou a mão no ombro e me disse: "Você pode até me barrar, só não quero que faça nenhuma sacanagem comigo". E devolvi pra ele: "Crioulo, comigo é você e mais dez". Saldanha tinha dito num determinado momento que Pelé estava cego, era a isso que ele se referia naquela primeira conversa. – relata o técnico, que havia jogado e ganhado duas Copas ao lado de Pelé.

Aquele Mundial tinha um sabor especial para o melhor jogador do mundo. "Em 1962, eu me machuquei, mas fui campeão do mundo. A grande frustração tinha sido 1966, porque também me contundi e o Brasil não ganhou a Copa", diz Pelé.

Se ele estava garantido, outros jogadores, não. Tostão, voltando de cirurgia, estava destinado à reserva, em que já estavam Clodoaldo e Rivellino. Este último ganhou a posição depois de Paulo César ter ficado muito inibido num amistoso no Morumbi contra a Bulgária, um 0 a 0 em que recebeu uma vaia gigantesca da torcida paulista. Na partida seguinte, contra a Áustria, Rivellino já apareceu entre os titulares. O jogo contra os austríacos também recolocou Tostão na

Tostão com Admildo Charol: atacante só foi confirmado na equipe nos treinos realizados no México.

equipe titular, ao lado de Pelé, como um teste para ser o "centroavante referência" que queria Zagallo. Até ali, o técnico havia relutado em escalá-lo por não ser um atleta muito forte para atuar entre zagueiros (principalmente os grandalhões europeus), e temendo que, saído de uma cirurgia tão delicada como é a correção do descolamento de retina, Tostão tivesse novos problemas por causa dos choques inevitáveis com os adversários.

– Quando o Zagallo assumiu, eu corri o risco de ser cortado, porque ainda não estava apto a jogar. Depois, fiquei como reserva do Pelé. No jogo contra a Áustria atuei como titular, mas não fui muito bem. Só fui confirmado mesmo uns 15 dias antes da estreia no Mundial, num treino no México – diz Tostão, que ainda recorda a angústia vivida no período em que não tinha certeza sequer se voltaria a jogar. Foram momentos ruins, de muita tensão.

O acaso contribuiu para a formatação final da seleção de 1970: a dupla de zaga titular era composta por Brito e Fontana durante os jogos preparatórios. Baldocchi e Joel Camargo eram os reservas. Carlos Alberto Parreira, na época auxiliar de preparação física, afirma que Joel teve que fazer uma cirurgia na garganta e Fontana se contundiu. "Aí o Zagallo teve que improvisar o Piazza, que jogava como volante, na posição de zagueiro. Só que a dupla com o Brito funcionou tão bem que ele acabou ficando ali." Com isso, Clodoaldo entrou no time titular no meio-campo – tudo isso naquele mesmo amistoso contra a Áustria.

A equipe nacional embarcou para o México com a escalação para estreia clara na cabeça de Zagallo: Félix, Carlos Alberto, Brito, Piazza e Marco Antônio; Clodoaldo, Gérson e Rivellino; Jairzinho, Tostão e

Pelé. Segundo Tostão, a dúvida ainda era se ele seria titular, confirmação que só aconteceu 15 dias antes do primeiro jogo. Nos 5 a 0 sobre o Combinado de Leon, em Guanajuato, ele teve "ótima atuação, a seleção fez uma apresentação espetacular, todos os jogadores se entreolharam, olharam para Zagallo e ali todos tiveram certeza: o time era aquele".

Se a escalação foi sendo moldada por questões técnicas e físicas, um episódio serviu para ajustar o sentimento de grupo, unindo os jogadores rumo ao objetivo final: conquistar a Copa do Mundo. Jairzinho, atacante que fez gols em todos os jogos do Mundial de 1970 (feito único até hoje), narra a história:

- Fontana e Pelé traziam algumas diferenças entre si, por causa dos jogos nos clubes (Cruzeiro e Santos, respectivamente). Um dia, depois de um treino em que andaram se estranhando, durante o jantar, o Pelé fez o que ninguém esperava. Chamou o Fontana, na frente de todo mundo e disse que a inimizade dos clubes deveria ficar longe da Copa do Mundo e que o mal-estar entre eles deveria terminar ali, naquele momento. Os dois se abraçaram, todo mundo aplaudiu e saímos fortalecidos.

Mas na véspera do primeiro jogo contra a Tchecoslováquia, mais uma alteração: Marco Antônio apresentou dores musculares e perdeu a posição para Everaldo, que jogaria todo o Mundial. "Eu disse para o Chirol que não podia arriscar num jogo de Copa do Mundo entrar com um atleta que tinha dores musculares", conta Zagallo.

Eram outros tempos e outro calendário. A seleção brasileira teve praticamente três meses de preparação para aquele Mundial, sendo um deles inteiro já no México. Mais do que isso: a equipe ficou 21 dias treinando em Guanajuato, a mais de 2 mil metros de altitude.

Carlos Alberto Torres lembra que a Copa de 1966 já havia demonstrado o grande poderio físico das seleções europeias e que, por isso, os brasileiros tinham grande preocupação em fazer um trabalho que lhes permitisse render no mesmo nível dos adversários. "Sabíamos que se estivéssemos iguais a eles na parte física, na técnica éramos superiores." E pela primeira vez a seleção brasileira teve um trabalho científico e bem planejado nessa área, comandada por Admildo Chirol e seus auxiliares Carlos Alberto Parreira, Cláudio Coutinho e Raul Carlesso, os dois últimos oriundos da carreira militar.

- Treinar a mais de 2 mil metros nos ajudou para as partidas que disputamos em Guadalajara [1.600 metros], e os jogadores não perderiam totalmente o condicionamento adquirido quando tivéssemos que subir mais, porque a final foi na Cidade do México [2.300 metros] – destaca Zagallo.

O trabalho foi feito visando a decisão da Copa. E foi tão bem feito que o time conseguia mais gols e sempre jogava melhor que o adversário no segundo tempo.

Estratégia do contra-ataque

Logo na estreia, o Brasil goleou a Tchecoslováquia, 4 a 1, depois de sair perdendo. Petras abriu o placar para os tchecos, mas Rivellino empatou no primeiro tempo e Pelé e Jairzinho (duas vezes) construíram a goleada brasileira na etapa final, confirmando o que disse Zagallo sobre a importância do trabalho físico. Quatro dias depois, o confronto temido contra a Inglaterra. "Ganhamos, mas poderíamos ter perdido. Foi um senhor jogo de futebol. A Inglaterra tinha um grande time. Aquele jogo me deu a certeza de que estávamos preparados para conseguir o título", comenta Zagallo. A partida também é lembrada por Carlos Alberto como o momento-chave daquele Mundial. Uma derrota poderia deixar o Brasil em segundo lugar no grupo, o que acarretaria uma sequência mais complicada na competição.

– Como ficamos no mesmo grupo da Inglaterra na primeira fase, quem vencesse terminaria em primeiro e permaneceria naquela sede, em Guadalajara. O perdedor teria de viajar, jogar numa localidade mais alta e provavelmente cruzar com a Alemanha, que também era uma seleção muito forte. E foi isso mesmo que aconteceu e a Inglaterra foi eliminada nas quartas de final (3 a 2 para a Alemanha, em Leon).

Tostão acredita que até aquele jogo, o segundo da Copa, Zagallo ainda não tinha muita certeza se a escolha dele para titular do time havia sido a mais correta.

– Tanto que no segundo tempo, eu vi o Roberto Miranda se aquecendo para entrar no meu lugar. Talvez isso tenha me incentivado a fazer a jogada individual que resultou no gol do Jairzinho. Como o Roberto já havia assinado a súmula, entrou no meu lugar. Mas depois do jogo, nas conversas com Zagallo e com os outros jogadores, tive finalmente a convicção que não sairia mais do time. Depois daquela vitória, tivemos a certeza de que tínhamos grandes chances de ser campeões.

"Pelé e Tostão formaram uma dupla que funcionou maravilhosamente bem", avalia Pelé. "Aquela foi considerada a melhor seleção de todos os tempos e o Pelé o melhor jogador", diz, referindo-se a si mesmo na terceira pessoa. Ele relata, inclusive, que se preparou bem porque sabia que o time era muito bom e não poderia ficar abaixo justamente na sua última Copa. Sobre ele e o Brasil havia grande expectativa antes do início da Copa do México.

A equipe que começava a encantar na Copa do Mundo do México já não atuava no 1-4-2-4 utilizado por João Saldanha, mas também não adotara o 1-4-3-3 que o próprio Zagallo imaginava quando foi convidado para dirigir a seleção. Virou um 1-4-5-1.

– Era um time em que todo mundo voltava para marcar, só o Tostão ficava um pouco mais à frente. Armei assim porque os times europeus gostavam de ter espaço para contra-atacar. Por isso, a marcação era a partir do meio-campo e não lá na frente, pressionando a saída de bola deles – explica Zagallo. Marcávamos forte no meio e quando tínhamos a bola saíamos com até sete jogadores em velocidade e todos com uma capacidade individual excepcional. Só Brito, Piazza e Everaldo não avançavam. Clodoaldo, Gérson, Carlos Alberto, Jairzinho, Pelé, Tostão e Rivellino iam para o ataque.

E foi assim que o Brasil finalizou a primeira fase com uma vitória de 3 a 2 sobre a Romênia. A equipe nacional chegou a abrir 2 a 0, com Pelé e Jairzinho, Dumitrache diminuiu ainda no primeiro tempo, Pelé fez 3 a 1 e Dembrovisch sacramentou o 3 a 2, numa partida em que Paulo César Caju substituiu Rivellino. Garantidos em primeiro lugar no grupo, os brasileiros permaneceram em Guadalajara para o confronto de quartas de final contra o Peru. Os vizinhos sul-americanos tinham uma boa seleção, com jogadores importantes como Cubillas, Chumpitaz, Mifflin, Gallardo, mas a grande atração estava no banco de reservas, o técnico brasileiro Waldir Pereira, simplesmente Didi, bicampeão mundial como jogador em 1958 e 1962 com a seleção brasileira. O genial criador da "folha-seca" – aquele chute em que a bola subia e caía em direção ao gol com a suavidade semelhante à queda de uma folha seca –, armou seu time para surpreender o Brasil, mas em apenas 18 minutos já perdia por 2 a 0, gols de Rivellino e Tostão. No final, uma goleada de 4 a 2 (outro de Tostão e um de Jairzinho, com Cubillas e Gallardo para o Peru) e o time dirigido por Zagallo classificado para a semifinal diante de um outro sul-americano, o Uruguai, adversário sobre o qual ainda pairava, para os brasileiros, a lembrança da derrota na Copa do Mundo de 1950, em pleno Maracanã, episódio que entrou para a história como *Maracanazo*.

O jogo, principalmente no primeiro tempo, foi muito complicado. Os uruguaios saíram na frente logo aos 19 minutos, com Cubillas. O empate só veio no finalzinho do primeiro tempo, quando Clodoaldo apareceu de surpresa na área adversária. E o confronto ainda seguiu equilibrado até os 31 minutos da etapa final, quando Jairzinho conseguiu o gol da virada. Rivellino liquidou as esperanças do Uruguai ao marcar o terceiro gol aos 45 minutos. Na outra semifinal, na Cidade do México, a Itália derrotou a Alemanha por 4 a 3, num jogo épico, mas também extenuante para as duas seleções, com direito a prorrogação – o cansaço dos italianos também seria um fator decisivo para a vitória brasileira na final, na Cidade do México.

Lembrança do Instituto de Educação

Ainda hoje Zagallo lembra a sensação gostosa de chegar a uma final de Copa do Mundo, naquela vez como técnico. "Os jogadores me respeitavam como técnico, apesar de eu ser muito jovem. Eram atletas tarimbados, mas me ouviam, conversávamos muito", diz ele, que foi o mais jovem técnico campeão do mundo e o primeiro a conquistar Copas do Mundo como técnico e jogador - feito que o alemão Franz Beckenbauer igualou ao ser campeão como jogador em 1974 e depois como técnico em 1990. O brasileiro, no entanto, tem uma ressalva: "Eu ganhei duas vezes como jogador e ele só uma".

A decisão contra a Itália foi presenciada por 108 mil pessoas no Estádio Azteca sob um calor infernal. O primeiro tempo foi equilibrado e o Brasil abriu o placar aos 18 minutos, gol de cabeça de Pelé. Mas aos 37, numa falha de Clodoaldo, Bonisegna empatou. No segundo tempo, mais uma vez, o Brasil dominou amplamente o adversário, que mesmo assim ainda resistiu até os 21 minutos, quando Gérson marcou 2 a 1. Logo depois, aos 26, 3 a 1, com Jairzinho - momento em que as lágrimas brotaram nos olhos de Tostão. O jogo prosseguiu, mas a disputa estava encerrada, até porque o adversário sentia o esforço despendido na semifinal contra a Alemanha. A três minutos do final, Carlos Alberto ainda marcou um quarto gol, numa jogada que, ele lembra, foi antecipada por Zagallo em muitos treinos.

- Naquela Copa, o Carlos Alberto Parreira e o Rogério [ponta-direita que acabou cortado por contusão] funcionavam como olheiros dos adversários. Eles traziam slides com a posição dos zagueiros italianos, que faziam marcação homem a homem. Zagallo usava botões de futebol de mesa e nos mostrou que em algum momento, quando o Jairzinho entrasse em dia-

1970 • Seleção faz história no México

Pelé abre o placar na final contra a Itália: goleada e a posse definitiva da Taça Jules Rimet.

gonal da direita para o centro, com o Pelé mais centralizado e Rivellino e Tostão mais para o lado esquerdo, se abriria um espaço para eu chegar pela direita.

Mas se os italianos estavam cansados, Carlos Alberto também sentia os efeitos de uma final de Copa do Mundo, sob um calor intenso. No momento em que a movimentação começou ainda no campo do Brasil, com Clodoaldo driblando vários adversários, o capitão estava no campo de defesa, corpo arqueado para frente e mãos apoiadas no joelho, tentando descansar um pouco. Tostão recuperou uma bola, tocou para Piazza e este entregou para Clodoaldo, que depois de driblar quatro italianos, no lado esquerdo, perto do meiocampo, entregou para Gérson mais à frente. Quando a bola foi entregue a Rivellino, na ponta-esquerda, Carlos Alberto despertou:

> – Eu olhei para frente e vi que não tinha ninguém lá no lado direito do nosso ataque, os zagueiros tinham acompanhado os nossos atacantes. Aí eu comecei a correr, muito mais um trote, com o resto de energia que ainda tinha. Quando o Rivellino rolou para o Pelé, pelo meio, eu sabia que ele ia lançar pra mim sem olhar, nós jogávamos juntos no Santos, nos entendíamos, sabíamos onde o outro estaria.

Carlos Alberto Torres chutou de primeira, fez um lindo gol e poucos minutos depois receberia a Taça Jules Rimet. "Quando o jogo acabou, eu perdi o fôlego, gritei todos os palavrões que se possa imaginar, agradeci, lembrava da família, da torcida, ficava pensando no que minha família estaria sentindo naquele momento."

1970 • Seleção faz história no México 101

Arquivo Nacional

Ado, Clodoaldo e Carlos Alberto: seleção uniu juventude e experiência e entrou para a história.

Ele era o capitão da seleção desde 1968, quando o técnico ainda era Aymoré Moreira, e no Santos também exercia a função, por isso não se surpreendeu ao ser escolhido por Saldanha e depois por Zagallo para continuar, mesmo num time recheado de tantos líderes e craques como Pelé, Rivellino, Tostão, Piazza, Brito, alguns deles capitães em seus clubes. Quando ergueu o troféu que o Brasil conquistou em definitivo como o primeiro tricampeão dos Mundiais, Carlos Alberto sabia que aquele grupo estava proporcionando muita alegria para o povo brasileiro, num momento conturbado que o país atravessava, com repressão, ditadura militar, muita gente sendo presa e desaparecendo. "Naquela época, não tínhamos a mesma repercussão imediata de hoje, não havia tanta mídia em cima. Aquela foi a primeira Copa transmitida para o Brasil pela televisão." De qualquer forma, os mexicanos alucinados com a seleção brasileira invadiram às centenas o gramado do Estádio Azteca. Queriam, a todo custo, um *souvenir*. Peças do uniforme dos jogadores foram arrancadas.

> – Eu fiquei com medo de ficar completamente nu – diverte-se Tostão ao recordar. Se tivesse acontecido, certamente essa imagem estaria sendo mostrada até os dias de hoje, com uma faixa preta em cima. Tenho ótimas lembranças e muito orgulho de ter vivido aquele momento, de ter jogado naquela seleção que a maioria considera a melhor de todos os tempos. Quando voltamos, houve desfile no Rio, em Brasília e, no meu caso e de outros mineiros, em Belo Horizonte. A festa continuou com a família e dura até hoje. As pessoas sempre me falam da Copa de 1970.

"Eu jamais me esquecerei daqueles momentos da final da Copa do México", afirma Pelé. "Os torcedores brasileiros e mexicanos invadiram o campo, me carregaram nos ombros, quase me deixando nu. Eu agradeço a Deus esse momento."

O homem encarregado do último gol daquele Mundial e também de receber a taça em nome dos brasileiros, também traz ainda as marcas da conquista do México.

- Ninguém me chama de Carlos Alberto. Todos me chamam de Capitão, Capita... Tenho certeza de que se não tivesse sido capitão daquela seleção, talvez hoje não fosse mais lembrado. Mas sou sempre chamado para eventos, as pessoas me abordam nos aeroportos, nas ruas.

Zagallo diz que só décadas depois passou a dar importância ao fato de ter sido um dos personagens mais vitoriosos da história do futebol, conquistando duas Copas como jogador, uma como técnico, e mais uma como coordenador técnico (1994). "O Admildo Chirol, lá no México, me dizia, 'você não sabe o que é isso, você não dá importância para o que está conquistando'. Naquele momento eu não percebia mesmo a dimensão do que havia conseguido." De qualquer forma, Zagallo chorou, como sempre, já que se classifica como um contumaz chorão. Aquele choro e a ligação com as coisas do Brasil começaram a ser construídos ainda nos anos 1930.

- Quando se fala de seleção brasileira, da camisa amarelinha, mexe muito comigo. Eu me lembro que na infância estudei no primeiro colégio público do Rio, o Instituto de Educação.

Ali nós cantávamos o Hino Nacional todos os dias, antes das aulas. Acredito que foi ali que comecei a desenvolver esse meu sentimento. Na final da Copa de 1950 eu estava no gramado, como soldado do Exército, cuidando da segurança, e presenciei aquela derrota. Depois fui jogar na seleção, fui bicampeão como jogador, construí uma história. Acho que é a soma de tudo isso que é me faz sentir tanta emoção quando o assunto é seleção brasileira.

QUEM FALTOU?

DIRCEU LOPES, "MELHOR DO MUNDO".

Coloque-se no lugar de Dirceu Lopes: a poucos meses de uma Copa do Mundo, você faz parte de um grupo de jogadores que entrará para a história. Uma seleção que será apontada como a maior de todos os tempos. De repente, troca de técnicos e seu nome é esquecido. Foi assim que ele viu escapar a chance de ser eternizado como um dos maiores craques brasileiros de todos os tempos ao não ser relacionado para a Copa do Mundo do México, em 1970.

"Foi a maior decepção da minha vida. Um golpe muito forte que eu demorei muito para aceitar. Posso dizer que sou frustrado por não ter disputado a Copa de 1970", diz ele, décadas depois, sem esconder a mágoa.

Dirceu Lopes Mendes nasceu em Pedro Leopoldo, no interior de Minas Gerais, em 3 de setembro de 1946 e com 17 anos já brilhava no Cruzeiro, dono de um esquadrão nos anos 1960. Formou com Tostão uma das mais importantes duplas ofensivas do futebol brasileiro, numa equipe capaz de rivalizar com o Santos de Pelé. A final da Taça Brasil de 1966 entre os dois times é um dos capítulos mais espetaculares de todos os tempos. No primeiro jogo, em Belo Horizonte, o Cruzeiro goleou por 6 a 2 – Dirceu Lopes marcou três gols. No jogo de volta, no Pacaembu, em São Paulo, todos acreditavam no troco da equipe paulista – ainda mais depois de abrir 2 a 0 no primeiro tempo. Mas o Cruzeiro conseguiu a virada e o título (3 a 2, com um gol de Dirceu).

No ano seguinte, 1967, Dirceu foi chamado pela primeira vez para a seleção brasileira, com apenas 21 anos, pelo técnico Aymoré Moreira. Logo de cara conquistou a Taça Rio Branco, confronto entre Brasil e Uruguai. Foi um dia nessa época, quando estava concentrado com o Cruzeiro num hotel de São Paulo, que Dirceu Lopes recebeu a visita de ninguém menos que Mané Garrincha. "Vim aqui lhe dar um abraço, porque você é o melhor jogador do mundo", disse um dos gênios brasileiros do futebol.

Com Zagallo, chance acaba

Em 1969, quando o jornalista João Saldanha assumiu a direção técnica da seleção de início não chamou Dirceu Lopes, que nem chegou a disputar as eliminatórias com as demais "feras", como João apelidou os jogadores com os quais pretendia ganhar o Mundial do México, no ano seguinte. Com o time classificado, quando Saldanha começou a definir o grupo, Dirceu Lopes ganhou espaço. No começo de 1970, nos três primeiros amistosos preparatórios, não só foi convocado como participou de todos os jogos.

Se João Saldanha seguisse com seu trabalho, muito provavelmente Dirceu Lopes estaria na Copa. Mas quando o técnico caiu para a ascensão de Zagallo, caiu junto o sonho de Dirceu. O novo técnico afastou alguns jogadores que vinham sendo chamados por João, entre eles Dirceu Lopes. A alegação: muitos bons jogadores para a mesma posição e a necessidade de ter "atacantes de referências", com presença de área. Ironicamente, Dirceu Lopes seria naquele ano e no seguinte, o me-

Dirceu Lopes: mágoa por não ter feito história na seleção de 70.

Arquivo do Estado de SP

lhor meia-atacante dos torneios nacionais. Dois anos depois do Mundial do México, em 1972, ainda chegou a ser convocado pelo mesmo Zagallo quando a seleção era renovada para o Mundial de 1974, na Alemanha. Pelo Brasil jogou 19 vezes e marcou quatro gols.

Dirceu Lopes foi jogador do Cruzeiro durante 14 anos, conquistou nove títulos estaduais, a Taça Brasil de 1966 e a Libertadores de 1976. Foi, ainda, duas vezes vice-campeão brasileiro (1974 e 1975) e artilheiro do Campeonato Mineiro duas vezes (1966 e 1969). Em três temporadas ganhou a *Bola de Prata* como o melhor jogador de sua posição, prêmio outorgado pela *Revista Placar* (1970, 1971 e 1973). Disputou 594 jogos pelo Cruzeiro e marcou 224 gols.

Em 1977, com 31 anos, foi negociado com o Fluminense, na época da "Máquina Tricolor" – foi reserva de Rivellino. Dois anos depois, voltou para Minas Gerais e jogou por Uberlândia, Democrata de Sete Lagos e Democrata de Governador Valadares, onde encerrou a sua carreira em 1980, aos 34 anos de idade.

QUEM ESTAVA LÁ

Félix (goleiro)

Félix Miéli Venerando nasceu em São Paulo (SP), em 24/12/1937. Clubes em que jogou: Juventus (SP) de 1951 a 1954; Portuguesa de Desportos (SP) em 1956 e de 1958 a 1968; Nacional (SP) de 1957 a 1958; Fluminense (RJ) de 1968 a 1977. Jogou 47 vezes pela seleção, foi titular nas seis partidas do México.

Brito (zagueiro)

Hércules Britto Ruas nasceu no Rio de Janeiro (RJ), em 09/08/1939. Clubes em que jogou: Vasco (RJ) de 1955 a 1959 e de 1960 a 1969; Internacional de Santa Maria (RS) em 1960; Flamengo (RJ) de 1969 a 1970; Cruzeiro (MG) em 1970; Botafogo (RJ) de 1971 a 1974; Corinthians (SP) em 1974; Atlético Paranaense (PR) em 1974; Le Castor (Canadá) em 1975; Deportivo Galícia (Venezuela) em 1975; Democrata Governador Valadares (MG) em 1975; River (PI) em 1979. Jogou 61 partidas pela seleção brasileira, sete delas em Copas do Mundo – foi titular nas seis do México.

Piazza (zagueiro)

Wilson da Silva Piazza nasceu em Ribeirão das Neves (MG), em 25/02/1943. Clubes em que jogou: Renascença (MG) de 1961 a 1964; Cruzeiro (MG) de 1964 a 1977. Fez 66 jogos pela seleção brasileira, nove deles em Copas do Mundo. No México foi titular em cinco partidas.

Carlos Alberto (lateral-direito)

Carlos Alberto Torres nasceu no Rio de Janeiro (RJ), em 17/07/1944. Clubes em que jogou: Fluminense (RJ) de 1963 a 1964 e em 1976; Santos (SP) de 1965 a 1970 e de 1971 a 1975; Botafogo (RJ) em 1971; Flamengo (RJ) em 1977; New York Cosmos (EUA) de 1977 a 1980 e em 1982; Newport Beach

(EUA) em 1981. Fez 69 jogos pela seleção brasileira principal, além de outros seis pela equipe olímpica. No México foi titular nas seis partidas.

CLODOALDO (MEIO-CAMPO)

Clodoaldo Tavares Santana nasceu em Aracaju (SE), em 26/09/1949. Clubes em que jogou: Santos (SP) de 1966 a 1979; Tampa Bay (EUA) em 1980; Nacional (AM) em 1981. Dos 54 jogos que fez pela seleção brasileira, seis foram na Copa do México.

MARCO ANTÔNIO (LATERAL-ESQUERDO)

Marco Antônio Feliciano nasceu em Santos (SP), em 06/02/1951. Clubes em que jogou: Portuguesa Santista (SP) em 1968; Fluminense (RJ) de 1969 a 1976; Vasco (RJ) de 1976 a 1980; Bangu (RJ) de 1981 a 1983; Botafogo (RJ) de 1983 a 1984. Disputou 52 partidas pela seleção brasileira, duas delas em Copas do Mundo, ambas no México.

JAIRZINHO (ATACANTE)

Jair Ventura Filho nasceu em Duque de Caxias (RJ), em 25/12/1944. Clubes em que jogou: Botafogo (RJ) de 1962 a 1974 e em 1981; Olympique de Marselha (França) de 1974 a 1975; Cruzeiro (MG) de 1975 a 1976; Portuguesa (Venezuela) em 1977; Noroeste (SP) em 1978; Nacional (AM) em 1979; Jorge Wilstermann (Bolívia) em 1980. Fez 102 jogos pela seleção principal e quatro pela seleção olímpia. Disputou 16 partidas em três Copas do Mundo - foi titular nas seis do México (e fez gol em todas) e artilheiro daquele Mundial.

GÉRSON (MEIO-CAMPO)

Gérson de Oliveira Nunes nasceu em Niterói (RJ), em 11/01/1941. Clubes em que jogou: Canto do Rio (RJ) em 1958; Flamengo (RJ) de 1959 a 1963; Botafogo (RJ) de 1963 a 1969; São Paulo (SP) de 1969 a 1972; Fluminense (RJ) de 1972 a 1974. Jogou 87 vezes pela seleção principal e mais 14 pela equipe olímpica. Atuou cinco vezes na Copa do Mundo do México.

1970 • Seleção faz história no México 111

Agência O Globo

Time campeão no México: seleção considerada a melhor de todos os tempos no mundo.

Tostão (atacante)
Eduardo Gonçalves de Andrade nasceu em Belo Horizonte (MG), em 26/01/1947. Clubes em que jogou: América (MG) de 1962 a 1963; Cruzeiro (MG) de 1964 a 1971; Vasco (RJ) de 1972 a 1973. Atuou em 65 partidas da seleção brasileira, sendo sete em Copas do Mundo – seis delas no México.

Pelé (atacante)
Edson Arantes do Nascimento nasceu em Três Corações (MG), em 23/10/1940. Clubes em que jogou: Santos (SP) de 1956 a 1974; New York Cosmos (EUA) de 1975 a 1977. Foram 114 partidas pela seleção brasileira, sendo 14 delas em Copas do Mundo – seis no México.

Rivellino (meio-campo)
Roberto Rivellino nasceu em São Paulo (SP), em 01/01/1946. Clubes em que jogou: Corinthians (SP) de 1965 a 1974; Fluminense (RJ) de 1975 a 1978; Al Hilal (Arábia Saudita) de 1978 a 1984. Foram 121 jogos pela seleção brasileira, 15 em Copas do Mundo – no México atuou cinco vezes.

Ado (goleiro)
Eduardo Roberto Stinghen nasceu em Jaraguá do Sul (SC), em 04/07/1944. Clubes em que jogou: Londrina (PR) de 1964 a 1968; Corinthians (SP) de 1969 a 1974; América (RJ) em 1975; Atlético (MG) em 1976; Portuguesa de Desportos (SP) em 1977; Santos (SP) em 1977; Ferroviário (CE) em 1978; Fortaleza (CE) em 1979 e em 1981; Velo Clube (SP) em 1980; Bragantino (SP) de 1981 a 1982. Não chegou a jogar qualquer partida pela seleção.

Roberto Miranda (atacante)
Roberto Lopes de Miranda nasceu em São Gonçalo (RJ), em 31/07/1944. Clubes em que jogou: Botafogo (RJ) de 1962 a 1972; Flamengo (RJ) em 1971; Corinthians (SP) de 1973 a

1976; América (RJ) em 1976. Foram 15 partidas pela seleção principal, mais cinco pela equipe olímpica. Na Copa do México esteve em campo em dois jogos.

BALDOCCHI (ZAGUEIRO)

José Guilherme Baldocchi nasceu em Batatais (SP) em 14/03/1946. Clubes em que jogou: Batatais (SP) em 1964; Botafogo (SP) de 1964 a 1966; Palmeiras (SP) de 1967 a 1971; Corinthians (SP) de 1971 a 1974; Fortaleza (CE) de 1974 a 1976. Três jogos pela seleção, nenhum em Copa do Mundo.

FONTANA (ZAGUEIRO)

José de Anchieta Fontana nasceu em Santa Teresa (ES), em 31/12/1940 e faleceu em 09/09/1980. Clubes em que jogou: Vitória (ES) em 1958; Rio Branco (ES) de 1959 a 1962; Vasco (RJ) de 1962 a 1968; Cruzeiro (MG) de 1969 a 1972. Fez 11 partidas pela seleção e atuou em um jogo da Copa do México.

EVERALDO (LATERAL-ESQUERDO)

Everaldo Marques da Silva nasceu em Porto Alegre (RS), em 11/09/1944 e faleceu em 27/10/1974. Clubes em que jogou: Grêmio (RS) de 1965 a 1974; Juventude (RS) em 1965. Jogou 29 partidas pela seleção, cinco delas no México.

JOEL CAMARGO (ZAGUEIRO)

Joel Camargo nasceu em Santos (SP), em 18/09/1946. Clubes em que jogou: Portuguesa Santista (SP) em 1963; Santos (SP) de 1963 a 1971; Paris Saint-Germain (França) de 1971 a 1972; Saad (SP) em 1973. Jogou 36 vezes pela seleção brasileira, mas não chegou a atuar na Copa do Mundo.

PAULO CÉSAR (MEIA-ATACANTE)

Paulo César Lima nasceu no Rio de Janeiro (RJ), em 16/06/1949. Clubes em que jogou: Botafogo (RJ) de 1967 a 1972 e de 1977 a 1978; Flamengo (RJ) de 1972 a 1974; Olympique de Marselha (França) de 1974 a 1975; Fluminense (RJ) de 1975 a 1977; Grêmio (RS) de 1978 a 1979 e em 1983; Vasco (RJ) em 1980; Corinthians (SP) em 1981. Vestiu a camisa da seleção brasileira em 76 partidas - nove delas em Copas do Mundo. No México, foram quatro.

EDU (PONTA-ESQUERDA)

Jonas Eduardo Américo nasceu em Campinas (SP), em 06/08/1949. Clubes em que jogou: Santos (SP) de 1966 a 1976; Corinthians (SP) em 1977; Internacional (RS) de 1977 a 1978; Monterrey (México) de 1978 a 1983; São Cristóvão (RJ) em 1983; Nacional (AM) de 1984 a 1985; Dom Bosco (MT) em 1985. Atuou 56 vezes com a camisa da seleção brasileira, duas delas em Copas do Mundo - uma no México.

DARIO (ATACANTE)

Dario José dos Santos nasceu no Rio de Janeiro (RJ), em 04/03/1946. Clubes em que jogou: Campo Grande (RJ) de 1967 a 1968; Atlético (MG) de 1968 a 1972, em 1974, e de 1978 a 1979; Flamengo (RJ) de 1973 a 1974; Sport (PE) em 1975; Internacional (RS) de 1976 a 1977; Ponte Preta (SP) de 1977 a 1978; Paysandu (PA) em 1979; Santa Cruz (PE) em 1981; Bahia (BA) de 1981 a 1982; Náutico (PE) em 1981; Goiás (GO) em 1983; Coritiba (PR) em 1983; América (MG) em 1984; Nacional (AM) de 1984 a1985; XV de Piracicaba (SP) em 1985; Douradense (MS) em 1986; Comercial de Registro (SP) em 1986. Jogou 12 vezes pela seleção brasileira, mas não atuou na Copa do Mundo.

ZÉ MARIA (LATERAL-DIREITO)

José Maria Rodrigues Alves nasceu em Botucatu (SP), em 18/05/1948. Clubes em que jogou: Ferroviária de Botucatu (SP) de 1966 a 1967; Portuguesa de Desportos (SP) de 1967 a 1970; Corinthians (SP) de 1970 a 1983. Disputou 66 jogos pela seleção brasileira, quatro em Copas do Mundo - nenhum no México.

LEÃO (GOLEIRO)

Emerson Leão nasceu em Ribeirão Preto (SP), em 11/07/1949. Clubes em que jogou: São José (SP) em 1967; Comercial (SP) em 1968; Palmeiras (SP) de 1968 a 1978 e de 1984 a 1986; Vasco (RJ) de 1978 a 1980; Grêmio (RS) de 1980 a 1982; Corinthians (SP) em 1983; Sport (PE) em 1987. Fez 105 jogos pela seleção, 14 em Copas do Mundo – nenhum no México.

TÉCNICO MÁRIO JORGE LOBO ZAGALLO

Como técnico, iniciou a sua carreira no Botafogo, em 1966. Permaneceu ali até assumir a seleção, em 1970. Ganhou os campeonatos estaduais do Rio de Janeiro em 1967 e 1968 e ganhou a Taça Brasil de 1968. Campeão do mundo no México, permaneceu na seleção até a Copa de 1974, na qual ficou em quarto lugar. Em 1971 e 72 esteve no comando do Fluminense, juntamente com a direção da seleção. Ainda em 1972 transferiu-se para o Flamengo, onde permaneceu por dois anos. Em 1975 voltou a dirigir o Botafogo. Entre 1976 e 1991, Zagallo alternou-se em trabalhos no Oriente Médio (Kwait, Emirados e Arábia Saudita) e clubes do Rio de Janeiro (Botafogo, Vasco e Bangu). Entre 1991 e 1994 atuou como coordenador técnico da seleção brasileira campeã do mundo nos Estados Unidos, com Carlos Alberto Parreira como técnico. Reassumiu como treinador a seleção entre 1994 e 1998 e terminou com o vice-campeonato na França. Entre 1999 e 2000 foi técnico da Portuguesa de Desportos (SP) e, em 2001, dirigiu o Flamengo. Ganhou outras edições do Campeonato Estadual do Rio de Janeiro (1972, 1973 e 2001), a Copa dos Campeões com o Flamengo (2001), Copa América (1997) e Copa das Confederações (1997), com a seleção brasileira.

1982
Espanha

Lugar na história sem vencer

Naquela manhã de 6 de julho de 1982, quem passasse por qualquer banca de jornais não teria como seguir adiante sem parar durante alguns minutos para observar a primeira página do *Jornal da Tarde*, título do grupo O Estado de S. Paulo: uma foto gigante de autoria de Reginaldo Manente retratando um garoto vestido com a camisa da seleção brasileira tentando segurar o choro, enquanto as lágrimas venciam a batalha e desciam pelo rosto. Uma frase apenas, no pé da página: "Sarriá, 5 de julho". Não havia porque dizer mais. O sofrimento nacional pela derrota mais doída da história do futebol brasileiro depois do *Maracanazo* de 1950 estava contado ali – por isso mesmo aquela capa se transformou num dos maiores clássicos do jornalismo brasileiro.

O Brasil jogou um futebol bonito, ofensivo, com muitos gols, mas acabou eliminado antes de chegar à semifinal – Itália 3 a 2. Nas palavras de um dos protagonistas da equipe dirigida por Telê Santana, Paulo Roberto Falcão: "Não foi o Brasil que perdeu. Foi o futebol. Ganhar aquele título poderia ter significado uma mudança na forma de se jogar dali para frente".

O Estádio Sarriá, em Barcelona, já nem existe mais, mas o fantasma do Mundial de 1982 volta de tempos em tempos a atormentar uma geração que ganhou tudo o que era possível em seus clubes, no Brasil e no exterior, mas ficou marcada por não ter conseguido aquela Copa. "Destino", resume Falcão.

A compensação está na relação que aquele time conseguiu criar com a torcida, brasileira ou não. Sempre que alguma pesquisa é realizada em busca das melhores seleções ou equipes de todos os tempos, invariavelmente ele é lembrado – razão também de ter sido escolhido para este livro. Sentimento que vence o passar dos anos com todos os que formavam aquele grupo. Mais uma historinha de Falcão:

> – Em 2002, quando a seleção brasileira estava seguindo para a Copa do Mundo na Ásia (Japão e Coreia do Sul), fez um amistoso na Malásia, era o último teste. Como comentarista da TV Globo, eu fui fazer o credenciamento e a senhora que estava atendendo aos jornalistas me reconheceu e disparou: "Por que vocês não ganharam aquela Copa?". Isso 20 anos depois! Não tem o que dizer, né?" – conta Falcão.

Mas uma Copa do Mundo sempre começa muito tempo antes de a bola rolar, alguns anos antes. No caso da equipe de 1982, a trajetória pode ser narrada a partir do encerramento do Mundial anterior, em 1978, na Argentina. Invicto, o Brasil voltou para casa com o terceiro lugar e o título de "campeão moral", outorgado pelo técnico de então, Cláudio Coutinho. Apesar de não ter conseguido êxito, Coutinho foi mantido no comando para o novo ciclo, tendo como objetivo a formação de um grupo para 1982, trazendo alguns novos atletas, aperfeiçoando a base anterior, que já havia sido fruto de uma grande reformulação entre as Copas de 1974 e 1978.

– Isso quase sempre acontece de um Mundial para outro – lembra Zico, o camisa 10 na Espanha. Metade da seleção continua, outra metade vai sendo substituída. Só quando você tem o encerramento de uma geração toda é que a reformulação é mais radical. Como aconteceu de 1974 para 1978 ou de 1986 para 1990.

Geração brilhante

Já no começo de 1979, Coutinho convocou algumas novidades como Falcão, Júnior, Éder, Sócrates, que seriam titulares na Espanha. Da Copa anterior continuaram Zico, Cerezo, Batista (este sem poder ser convocado em 1978 por causa de uma contusão). Entusiasmado com o trabalho, Cláudio Coutinho chegou a afirmar em uma entrevista que aquela geração seria "a mais brilhante da história do futebol brasileiro". Azar dele que não seguiu com o grupo até o Mundial. O fracasso na Copa América daquele ano, com o Brasil eliminado pelo Paraguai, encerrou a passagem de Cláudio Coutinho. Para o seu lugar, no começo de 1980, foi chamado Telê Santana.

– Os conceitos de Telê eram bem diferentes dos de Coutinho. – recorda Zico. O Coutinho era mais teórico, gostava mais da parte tática. Com o Telê fazíamos coletivos quase todos os dias. Quando a seleção estava concentrada na Toca da Raposa, em Belo Horizonte, treinávamos com os juniores de Cruzeiro, Atlético, América. Com isso, o entrosamento daquele time era muito grande.

Batista, volante da seleção de 1982, diz que gostava muito de trabalhar com Coutinho:

– Ele era muito criticado por ser teórico. Mas eu não acho que técnico tenha que ter sido jogador. Ele entendia da parte tática e sabia distribuir os jogadores dentro de campo. Já o Telê deixava o grupo mais à vontade, permitia que os jogadores tomassem a iniciativa dentro do campo.

E o volante, remanescente da campanha de 1978 e peça importante do poderoso Internacional do final dos anos 1970, destaca ainda a maior facilidade que os técnicos tinham para convocar naquela época, com pouquíssimos talentos atuando fora do país. "Daquela seleção, só o Falcão, vendido em 1980 para a Roma, não jogava aqui."

Mas, se por um lado era mais fácil observar os jogadores, porque todos atuavam no Brasil, por outro, os clubes estrangeiros ainda não eram obrigados a liberar atletas para os jogos da seleção. Tanto que Falcão não participou das eliminatórias em 1981, nem da maioria dos amistosos de 1982, só se apresentando para a Copa um mês antes do início, quando os demais jogadores já estavam treinando havia praticamente dois meses.

No primeiro ano no comando da seleção, 1980, Telê não precisou enfrentar nenhuma competição. Foram disputados apenas jogos amistosos em que aproveitou para testar vários jogadores, invariavelmente com uma formação ofensiva, com três atacantes, ainda distante do quadrado no meio-campo que encantaria o mundo dois anos depois. Foram oito vitórias, um empate e uma derrota. Perto de 30 jogadores foram utilizados, mas do que viria a ser a formação titular em 1982 apenas Valdir Peres, Falcão (por estar na Europa) e Leandro (reserva no Flamengo, ainda não tinha aparecido) não foram chamados. Naquele ano, o meio-campo tinha Cerezo, Batista, Zico e Sócrates se revezando em três posições – Sócrates chegou a jogar como atacante em algumas oportunidades. A defesa mudava pouco, com Amaral, Luizinho e Júnior como as figuras mais constantes. E no ataque foram sendo testados Tarciso, Paulo Isidoro, Tita, Robertinho, Nunes, Reinaldo, Serginho, Zé Sérgio, Éder... Mas o conceito sempre era ter três jogadores mais avançados.

No começo de 1981, antes de enfrentar as eliminatórias, o Brasil realizou um bom teste no Mundialito do Uruguai – empatou com a Argentina, goleou a Alemanha Ocidental e perdeu a decisão para o Uruguai, apesar de ter jogado bem. O time base daqueles três jogos teve Carlos/João Leite no gol; Edevaldo, Oscar, Luizinho e Júnior na defesa; Cerezo, Batista e Renato/Paulo Isidoro no meio; Tita/Serginho, Sócrates e Zé Sérgio no ataque. O time jogou bem, mesmo sem contar com a grande estrela Zico, que estava afastado por conta de um estiramento muscular. Foi no Uruguai que o desempenho de Serginho praticamente lhe garantiu um lugar cativo com Telê e ali também Carlos sofreu uma fratura que o afastou por um tempo e ofereceu a oportunidade no gol a Valdir Peres, convocado pela primeira vez logo depois, para as eliminatórias, até firmar-se como titular na Copa da Espanha.

Indefinições no ataque

Naquele tempo, as eliminatórias eram bem mais enxutas. As seleções eram divididas em grupos, os jogos tinham ida e volta e a vaga era garantida para quem terminasse em primeiro lugar. O Brasil não teve problemas para superar Bolívia e Venezuela, com quatro vitórias. Ainda no primeiro semestre, a seleção fez uma excursão bem-sucedida pela Europa, com vitórias sobre Inglaterra, Alemanha Ocidental e França, no espaço de uma semana. A base da defesa estava praticamente formada, com Valdir Peres, Edevaldo, Oscar, Luizinho e Júnior. Edinho e Juninho eram os reservas imediatos na zaga. Sem poder contar com Falcão, Telê mantinha o meio-campo com três jogadores, sempre escolhidos entre Batista, Cerezo, Sócrates e Zico. O ataque era ainda o setor do time mais mutante: Telê não parecia encontrar as peças definitivas como acontecia na defesa e no meio-campo. As presenças mais constantes eram Paulo Isidoro e Tita pela direita, Serginho e Reinaldo no meio, Éder e Zé Sérgio pela esquerda. Mas tiveram oportunidades também Paulo César, Baltazar, César, Mário Sérgio e, no final do ano, Roberto Dinamite. Independentemente dos nomes, Telê sempre escalava o time com 1-4-3-3.

> – O "1" é o goleiro, que todos insistem em excluir quando falam do sistema. O Telê sempre quis um time ofensivo. Da equipe de 1982, praticamente só os dois zagueiros não saíam, mesmo assim o Edinho e o Luizinho tinham prazer em ir ao ataque; o Oscar é que não se arriscava, a não ser em jogadas de bola parada – comenta Zico.

Mas o time tinha uma capacidade importante de recuperação. Júnior, lateral-esquerdo de presença constante no ataque, afirma que o time de Telê jogava de maneira muito parecida com o Flamengo da época. Os atacantes pelos lados, como Nilton Batata e Tita pela direita (mais tarde Paulo Isidoro), Mário Sérgio, Joãozinho, Zé Sérgio e Éder, pela esquerda, sempre compunham a marcação pelo meio quando a equipe não tinha a bola. "Era praticamente um 1-4-5-1. O time sempre estava compacto, na frente e atrás", diz Júnior.

Os dois últimos amistosos realizados pelo Brasil no final de 1981, já com a classificação para a Copa do Mundo assegurada, foram importantes porque fixaram no grupo dois jogadores que estariam na Espanha, alguns meses depois. O primeiro deles, Leandro, lateral-direito do Flamengo. No dia 23 de setembro, em Maceió contra o Eire (República da Irlanda), Leandro substituiu Perivaldo durante a goleada de 6 a 0 - e não saiu mais. "Quando Leandro teve a sua chance com Telê, ninguém teve mais dúvida de que ele era 'o cara' para a posição", comenta Júnior. O outro jogador veio quase um mês mais tarde, em 20 de outubro, na vitória do Brasil contra a Bulgária por 3 a 0, em Porto Alegre, e um dos gols foi de Roberto Dinamite, outro retornado, remanescente do grupo de 1978 - Dinamite era chamado pela primeira vez por Telê Santana, depois de algumas partidas em 1979, ainda com Coutinho. Poucos meses antes da Copa do Mundo, o grupo parecia tomar contornos definitivos.

Falcão, a última peça

O primeiro semestre de 1982 foi dedicado à preparação final para o Mundial. Foram seis amistosos e os últimos testes. Ainda houve tempo para mais uma aparição: Careca, atacante veloz, habilidoso e que já fazia sucesso no Guarani de Campinas (SP), campeão brasileiro de 1978. Num amistoso contra a Alemanha Ocidental, no Maracanã, Careca foi titular na sua primeira partida pela seleção brasileira. Jogou todos os amistosos finais de preparação e parecia caminhar até para ser o titular, porque sua habilidade, raciocínio rápido, velocidade encaixavam-se perfeitamente com a formação do meio-campo daquela equipe. Mas já na Europa, a poucos dias do início do Mundial, Careca sofreu uma contusão e foi cortado. Outro atacante de destaque na época, e que havia jogado muito no ano anterior, Reinaldo, também não chegou à Espanha, vítima de uma de suas muitas contusões ao longo da carreira.

Falcão se juntou à seleção apenas no começo de maio. Ele mesmo conta esta história:

– Como os clubes estrangeiros não eram obrigados a liberar os jogadores, a Roma me segurou até o final da temporada. Só consegui me ausentar da última rodada do Italiano, porque o Telê Santana e o Giulitte Coutinho [presidente da CBF] foram até a Europa para negociar. Saí de lá num domingo à tarde, depois de um jogo, viajei via Madri, cheguei ao Rio pela manhã e já segui para Belo Horizonte, para a Toca da Raposa. O Gilberto Tim, preparador físico, me colocou para correr em volta do campo "para tirar o avião do corpo" – ri Falcão, quando lembra de ter perguntado se Tim estava louco.

Falcão já encontrou um time pronto, formado por quase dois meses de treinos e alguns amistosos. Ele mesmo ainda teve tempo de participar dos últimos dois antes da viagem para a Espanha – 1 a 1 com a Suíça, em Recife (PE), e 7 a 0 na República da Irlanda, em Uberlândia (MG). Curioso lembrar que o quadrado de meio-campo que ficaria famoso naquele Mundial (Cerezo, Falcão, Zico e Sócrates) não havia atuado junto até então em nenhuma partida, exatamente porque Falcão estava na Europa. E isso só aconteceu por alguns minutos no último amistoso antes do embarque, quando Toninho Cerezo saiu do banco para substituir Paulo Isidoro. E havia uma explicação para o jogador mineiro estar na reserva: suspenso, ele ficaria fora do primeiro jogo da Copa do Mundo, pois havia sido expulso na última partida das eliminatórias contra a Bolívia. Telê buscava a formação para a estreia e tudo apontava para Isidoro, titular na maioria das partidas até ali.

A entrada de Cerezo, aos 15 minutos finais do último amistoso, juntando pela primeira vez aqueles quatro jogadores, indicava que Telê já pensava neles para a Copa do Mundo, a partir do segundo jogo, quando Cerezo tivesse em condições. "O Telê já tinha testado o Dirceu no lugar do Paulo Isidoro. E Dirceu acabou jogando na partida de estreia, exatamente porque ele já pensava naquela configuração", diz Zico. Falcão concorda:

– O Telê foi muito criticado, inclusive. Porque o Paulo Isidoro tinha atuado praticamente nos dois anos anteriores como titular, mas de repente ele escala o Dirceu. Acredito que essa mudança já era uma preparação para que o quadrado se formasse no segundo jogo.

Afastado durante muito tempo da seleção por causa de uma contusão, Batista também voltou a vestir a camisa amarela no começo de maio, pouco antes da Copa. Mas na opinião de Zico e de Falcão, a intenção de Telê nunca foi ter um jogador com características de marcação mais forte. Ele seria uma opção para quando a equipe precisasse defender mais. Mas esse debate ainda demoraria um pouco mais para acontecer, exatamente na fatídica derrota para a Itália, quando o empate teria levado o Brasil à semifinal.

A seleção estreou na Copa com uma vitória de 2 a 1 sobre a União Soviética, depois de estar perdendo por 1 a 0, numa falha de Valdir Peres, gol de Bal, aos 34 minutos do primeiro tempo. Sócrates (aos 30 minutos do segundo tempo) e Éder (aos 43) marcaram os gols da virada brasileira, em Sevilha: "Com a escalação do Dirceu, que era canhoto mas entrou para jogar pelo lado direito, o time ficou desequilibrado", recorda Zico. "Havia dois anos que o time jogava de uma forma, com o Paulo Isidoro por ali. Tanto que quando ele entrou no segundo tempo, o jogo fluiu e conseguimos a vitória."

Júnior vai mais adiante: "O Telê nunca escondeu que colocaria as quatro 'feras' juntas. Porque eles eram o que o futebol brasileiro tinha de melhor naquele momento no meio-campo: técnica, intuição e, principalmente, a capacidade de ler o jogo, saber o que estava acontecendo dentro do campo".

Na segunda partida da Copa da Espanha, o "quadrado" jogou pela primeira vez os 90 minutos. Outra vez o Brasil saiu atrás no placar, gol de Narey, para a Escócia, aos 18 minutos. Ainda no primeiro tempo, o empate, com Zico. A virada e a goleada (4 a 1) vieram no segundo tempo, com Oscar, Éder e Falcão.

- Naquele jogo ainda encontramos alguma dificuldade para ocupar o espaço pelo lado direito. Eu passei o primeiro tempo todo jogando pela direita. No intervalo, no vestiário, disse que se fosse para ficar jogando de ponta-direita, preferia sair. O revezamento que havíamos combinado não estava acontecendo. Todos entenderam, e no segundo tempo a movimentação funcionou e as coisas ficaram mais fáceis – diz Zico, lembrando dos problemas, apesar da goleada, mais uma vez em Sevilha.

Na sequência, nova goleada: 4 a 0 (dois gols de Zico, um de Falcão e outro de Serginho) sobre a Nova Zelândia e a equipe classificada para a segunda fase. Falcão conta uma curiosidade:

– Como o Cerezo não ia jogar a primeira partida, para manter o suspense sobre qual seria a formação do time, o Telê me inscreveu com o número 15 na camisa. Nem sei a razão, porque normalmente o reserva com a 15 é um zagueiro. Fiz um gol contra a Nova Zelândia e depois de chutar, me desequilibrei e caí. Tenho uma foto em que a posição do meu corpo não deixa ver o número um, então parece que estou com a camisa 5, com a qual eu jogava habitualmente, mas que na Copa ficou com o Cerezo.

Na Espanha foi a primeira vez que uma Copa do Mundo teve 24 participantes, com 6 grupos com quatro seleções na primeira fase. Os dois mais bem classificados seguiram em frente. Na segunda fase, quatro triangulares apontariam as equipes para as semifinais. A seleção brasileira caiu num grupo complicado com Itália e Argentina.

Um dos pontos fortes do esquema armado por Telê Santana era justamente não ter um ponta-direita fixo, como contou Zico. O espaço que ao longo da preparação era preenchido geralmente por Paulo Isidoro, com a entrada de Falcão, exigiria uma movimentação constante para que Zico, Cerezo, Sócrates e Falcão aparecessem por ali.

– Não havia treino tático específico para isso, até porque o Telê era avesso a esse tipo de treino. Mas nos coletivos ele ficava orientando, pedindo. Eu e o Sócrates, que jogávamos mais à frente, caíamos mais por ali, mas o Falcão e o Cerezo também faziam essa função. Sabíamos que era importante sempre ocupar aquele espaço, até para ajudar o Leandro na marcação – revela Zico.

"Aquela movimentação era fruto da liberdade que o Telê dava e da capacidade daqueles jogadores", lembra Batista. Sem deixar de fazer uma crítica:

– Mas talvez esse tenha sido exatamente o motivo da derrota naquela Copa. Puxando um pouco a brasa para a minha sardinha, acredito que tenha faltado no jogo contra a Itália alguém com a minha característica, com marcação mais apurada – analisa.

Argentina e Itália abriram o triangular. Os italianos vinham de uma primeira fase muito ruim – foram três empates contra Polônia, Camarões e Peru e a vaga conseguida graças a apenas um gol a mais em relação a Camarões. Os argentinos apostavam suas fichas na genialidade de Diego Maradona, que disputava a sua primeira Copa do Mundo, numa seleção com algumas caras novas, mas com a base do time campeão quatro anos antes, em casa. No entanto, também não tinham feito uma primeira fase brilhante, perdendo para a Bélgica e ganhando de Hungria e El Salvador. Essas campanhas ruins de Itália e Argentina, terminando na segunda posição dos grupos, colocaram as duas potências, juntamente com o Brasil, na briga por apenas uma vaga para as semifinais.

A Itália venceu a Argentina por 2 a 1 e começou a despertar. Aymoré Moreira, técnico campeão com o Brasil em 1962, chamou a atenção à época: "Cuidado com os italianos. Eles ainda não tiveram grandes atuações, mas vão encontrar o equilíbrio nas rodadas finais". Nas arquibancadas do Sarriá, em Barcelona, os jogadores e a comissão técnica da seleção brasileira viram Gentile executar uma marcação implacável e bem-sucedida sobre Maradona. E tinham uma certeza: seria assim com Zico.

1982 • Show termina sem taça *131*

Agência O Globo

Sócrates faz 1 a 1 contra a Itália: empate servia, mas Brasil sofreu uma das derrotas mais doídas da história.

Contra a Argentina, o Brasil fez a sua mais espetacular apresentação naquela Copa do Mundo. Zico, Serginho e Éder fizeram os gols na vitória de 3 a 1, que teve pela primeira vez em campo Batista, que entrou no lugar de Zico e recebeu uma entrada dura de Maradona quase no final da partida. "Na verdade, o Maradona me disse depois que a intenção dele era dar aquela pancada em mim", conta Falcão. "Só depois ele deu percebeu que era o Batista." Maradona acabou expulso e Batista virou dúvida para o jogo decisivo contra a Itália, três dias depois.

Batista fora do banco

A polêmica envolvendo o jogo com a Itália e a eliminação brasileira passa exatamente por Batista. Depois de ter apenas assistido aos três primeiros jogos (naquela época só cinco jogadores podiam ficar no banco), Batista lembra que não estava nem um pouco satisfeito:"Eu tinha feito uma grande Copa do Mundo em 78 e em 82 não tinha ficado nem no banco na primeira fase. Contra a Argentina entrei e acabei tomando aquela pancada do Maradona. Claro que eu estava louco para jogar e só não fiquei no banco por opção do Telê".

A Itália saiu na frente com Paolo Rossi e o Brasil empatou com Sócrates. A Itália fez 2 a 1 (de novo com Rossi) e o Brasil de novo empatou com Falcão. Com 23 minutos do segundo tempo e jogando pelo empate, até hoje há quem critique Telê Santana por não ter colocado em campo Batista para segurar o jogo. Mas ele não podia fazer isso: o volante não estava no banco, não havia sido relacionado.

– Na véspera do jogo, o Gilberto Tim me perguntou como eu estava, a pedido do Telê. Eu disse "estou bem" – conta Batista, sem esconder uma ponta de mágoa. Aí ele falou: "Se você tiver que entrar não vai sentir?". "Como é que eu vou saber?" foi a minha resposta. Não quiseram me colocar no banco, mas levaram dois laterais, Edevaldo e Pedrinho. Preferiram o Edinho com a justificativa que era mais polivalente. Mas eu tinha jogado no Internacional como lateral-direito, volante, meia-esquerda...

No entanto, Zico não acredita que Telê deixaria Batista fora do banco se ele não estivesse com algum problema. "O Batista ficou na reserva contra a Argentina, entrou e tomou aquela pancada. O tempo de recuperação era muito pequeno." Falcão completa dizendo que depois das competições, com o passar dos anos, muita coisa é dita sem que as pessoas lembrem direito do que aconteceu: "Outro dia fui interpelado por dois jornalistas, que tinham feito uma aposta e queriam que eu tirasse a dúvida sobre a presença do Batista. Ele não estava no banco".

Teria Telê Santana subestimado o poder da Itália?

"Seria ingenuidade pensar assim", afirma Zico. "Fomos assistir à Argentina contra Itália, todos os detalhes foram passados pelo Telê. O que aconteceu é que eles souberam aproveitar as nossas falhas. Num jogo de Copa do Mundo não se pode errar como erramos."

Falcão era quem mais conhecia o futebol italiano, afinal já jogava por lá havia mais de dois anos. Muita gente diz que ele teria tentado alertar o técnico sobre a força italiana, mas suas palavras teriam sido ignoradas. "Eu conversei com o grupo na preleção para o jogo contra a Itália, a pedido do Telê. Ele fez a explanação dele, organizou o time e no final perguntou se eu queria dizer alguma coisa, por conhecer bem a Itália. Eu dei uma sugestão a respeito da colocação do Zico, mas eles acharam melhor não segui-la."

Falcão entendia que como Zico seria marcado individualmente por Gentile, o melhor era ele atuar mais aberto pelo lado direito, arrastando com ele o marcador. "Isso faria com que o Cabrini, o lateral-esquerdo da Itália, tivesse sempre uma sombra por ali, pois era um grande apoiador, tanto que o primeiro gol da Itália saiu de um cruzamento dele para o Rossi." Essa estratégia, segundo ele, poderia proporcionar mais espaço pelo meio, por onde entrariam Sócrates e ele próprio. Telê preferiu manter a ideia original, com Zico atuando pelo meio, indo para cima do líbero Scirea, levando junto Gentile.

De qualquer forma, Batista reclama ainda de um pênalti não marcado para o Brasil no primeiro tempo, quando Zico foi agarrado por Gentile dentro da área, chegando a rasgar a camisa do brasileiro. O placar indicava 1 a 0 para a Itália. E sobre a polêmica se o Brasil deveria ter sido mais defensivo naquela partida, já que jogava pelo empate, Falcão é taxativo: "O Telê não mudaria o time e ninguém mudaria. Afinal tínhamos marcado 14 gols em quatro partidas. E só tínhamos levado três. Ou seja, o problema não era defensivo. E na hora em que levamos o terceiro da Itália estávamos com dez jogadores atrás, foi uma jogada de escanteio".

Zico também contesta os críticos que dizem que o Brasil, ao conseguir o empate de 2 a 2, continuou atacando para tentar o terceiro gol, quando o empate bastava.

— As pessoas não lembram, mas o Telê colocou o Paulo Isidoro no lugar do Serginho, adiantou um pouco o Sócrates, exatamente para fechar o meio. Essa alteração foi feita logo depois

1982 • Show termina sem taça **135**

Paolo Rossi marca e elimina Brasil: seleção sempre lembrada, apesar da derrota.

de o Brasil empatar o jogo pela segunda vez. E no terceiro gol da Itália, aos 29 minutos, estávamos todos atrás. O Tardelli errou um chute, a bola passou por todo mundo e sobrou para o Rossi marcar.

Batista tem outra visão daquela tarde de sol em Barcelona. Acredita que o fato de o time vir de uma grande exibição contra a Argentina, de ter feito uma primeira fase marcando muitos gols, acabou gerando um excesso de confiança. "Nos primeiros jogos, o time saiu atrás e virou. Havia quase uma certeza de que podíamos tomar dois ou três gols porque faríamos quatro ou cinco. Faltou precaver um pouco mais. Quando os gols não saíssem, não seríamos surpreendidos."

No final do jogo, quase ninguém acreditava que a seleção que encantara o mundo estava fora da Copa. Jogava por um empate e perdeu. Três gols de Paolo Rossi, que seria o artilheiro do Mundial e que até aquele 5 de julho tivera participação discretíssima nas partidas anteriores. Numa entrevista mais de 20 anos depois, Sócrates descreveu o vestiário do Sarriá: "Era um silêncio de sepulcro. Um sentimento de imenso vazio. Era como se alguém muito próximo de nós tivesse morrido".

As recordações de Sócrates não se resumem à tristeza do vestiário. "Era um time fantástico, não tinha nada mais gostoso do que jogar bola com aqueles caras. Só tinha jogador bom, todos se conheciam bem." Na mesma linha, Falcão acrescenta que o segredo do futebol é jogar se divertindo, "o que não significa jogar brincando, mas jogar alegre. Aquela seleção tinha esse espírito, ninguém com cara de bravo como quem vai para uma luta".

Na opinião de Falcão, isso começou a ser percebido nos treinos em Belo Horizonte. Era fácil o entendimento, ninguém dava mais de dois toques na bola, tudo isso ajudou muito. "Quando saímos do Brasil, tínhamos certeza de que faríamos uma bela campanha. Ganhar não, mas uma grande campanha sim." O contraponto vem de Batista, mais uma vez. "Acho que o time funcionou porque tinha muita gente competente. Claro que num grupo você conversa mais com um do que com outro, tem os grupos, existe parceria, coleguismo de seleção. Mas brilhou pela competência dos atletas." Para Júnior, ser lembrado sem ter sido vencedor é coisa rara no futebol. Feito conseguido por aquele time, assim como aconteceu com a Hungria de 1954 e a Holanda de 1974.

Uma parte do grupo ainda tinha outro fator de integração: o samba. Júnior, Edevaldo, Serginho, Paulo Sérgio, Edinho e Pedrinho viviam cantando e embalando as concentrações. Júnior chegou a compor e gravar a música "Voa canarinho", trilha sonora da seleção de 1982. "A galera do samba estava sempre junta, cantando e descontraindo o ambiente", lembra o orgulhoso jogador-compositor.

Júnior e Zico atribuem ao comandante do grupo boa parte daquele espírito. "O Telê Santana sabia como poucos tirar dos atletas o máximo na parte técnica, dando muita liberdade para aqueles que poderiam contribuir com a parte ofensiva. Sempre deu ênfase à criatividade", analisa Júnior. Zico, por sua vez, diz que o técnico dava a todos a condição de sentir alegria, de ter prazer em jogar futebol. A comprovação desse "gostar" aconteceu na Itália, oito anos depois (em 1º de junho de 1990), quando Júnior fez um jogo como festa de encerramento de sua carreira, em Pescara. A maioria dos jogadores de 1982 esteve lá. "Nós nos divertimos muito naquele jogo, reencontramos aquela alegria de atuar juntos. Parecia que estávamos de volta à Espanha. Tenho orgulho de ter participado daquela seleção", reitera Zico. E volta ao começo dessa história, concordando com Falcão: "Não tem lugar no mundo em que as pessoas não me falem com carinho daquela seleção. Acredito que a nossa derrota foi um grande mal para o futebol. A partir dali prevaleceu a força, a marcação desleal, a tática acima da qualidade, o defender antes de atacar".

QUEM FALTOU?

CARECA: CONTUSÃO DIAS ANTES DA ESTREIA

Careca já era um atacante importante no futebol brasileiro quando jogou pela primeira vez pela seleção brasileira, em 21 de março de 1982, apenas alguns meses antes da Copa da Espanha. Tinha 21 anos. Foi num amistoso contra a Alemanha Ocidental, no Maracanã. Júnior fez o único gol da partida. Atuou ainda em mais três partidas antes do embarque para a Europa: 3 a 1 contra Portugal (em São Luís), entrando no lugar de Serginho durante a partida; 1 a 1 contra a Suíça, titular, no Recife, e 7 a 0 contra Eire (República da Irlanda), mais uma vez titular, em Uberlândia (MG).

Analistas da época consideram que Careca seria titular na Espanha e poderia ter sido um diferencial entre perder ou ganhar aquela Copa do Mundo. Seu estilo de jogo parecia combinar melhor com o resto da equipe. Serginho provavelmente seria o seu reserva imediato. Mas num treinamento na Espanha, a poucos dias da estreia contra a União Soviética, uma contusão muscular acabou com o sonho da primeira competição internacional na carreira do jovem atacante do Guarani. Careca foi cortado, Serginho fixou-se como titular e Roberto Dinamite convocado para integrar o grupo e disputar a sua segunda Copa do Mundo (era remanescente de 1978).

FILHO DE PEIXE

Antônio Oliveira Filho, o Careca, herdou o nome e o gosto pelo futebol de Oliveira, um razoável ponta-esquerda da

Ponte Preta no final dos anos 1950, início dos anos 60, no interior de São Paulo. Muito rápido, era também chamado de Maquininha. O talento de Careca foi demonstrado desde a infância nas partidas do Colorado e do Benfica de Araraquara, sua cidade natal. O apelido que faria famoso agregou de uma grande paixão dos primeiros anos de vida: o palhaço Carequinha, de quem sabia de cor as músicas, depois de ouvir repetidamente todos os discos.

Nascido em 5 de outubro de 1960, o sucesso nas equipes amadoras infantis de Araraquara o levou a buscar uma vaga no Guarani de Campinas, especialista nos anos 1970 e 80 em revelação de jogadores nas categorias de base, garimpados por uma extensa rede de olheiros espalhada por todo o interior de São Paulo e outros pontos do Brasil. Nos primeiros dias de janeiro de 1976, com pouco mais de 15 anos, Careca passou por treinos e testes na "peneira" do clube, espécie de vestibular para uma carreira profissional. Veloz como o pai, habilidoso, dono de raciocínio rápido, não teve dificuldades para ganhar um lugar na equipe juvenil.

O atacante genial, no entanto, começou a ganhar status de craque em 1978, quando Carlos Alberto Silva, às voltas com a formação da equipe que disputaria o Campeonato Brasileiro, foi obrigado a chamar um garoto do juvenil para ocupar a camisa 9. Quando o Guarani estreou na competição, no final de março daquele ano, Careca tinha 17 anos e cinco meses. Brilhou numa equipe com Zenon, Capitão, Renato, Miranda, Bozó, Mauro... A decisão foi contra o Palmeiras (de Leão, Jorge Mendonça, Toninho): no primeiro jogo, em São Paulo, Guarani 1 a 0 (gol de Zenon). No segundo, outro 1 a 0, em Campinas, gol de Careca, que só dois meses depois completaria 18 anos.

Careca cortado a poucos dias do Mundial: derrota teria sido evitada com ele no ataque?

Agência O Globo

Depois da traumática experiência na seleção em 1982, ficou bom tempo sem jogar, em tratamento. E no dia 21 de janeiro de 1983, com 22 anos, foi apresentado como jogador do São Paulo, escolhido para substituir Serginho, transferido para o Santos. No São Paulo, a consagração nacional definitiva: até 1987, conquistou duas edições do Campeonato Paulista (1985, do qual foi artilheiro, e 1987), o Campeonato Brasileiro de 1986 (numa final justamente contra o Guarani, em que fez um gol nos acréscimos evitando a conquista do ex-clube). Ganhou a Bola de Prata da *Revista Placar* como melhor atacante do Brasil em 1985 (já havia ganho o mesmo prêmio em 1982, ainda no Guarani), e a Bola de Ouro como melhor jogador do Brasil em 1986, ano em que também foi o artilheiro do Campeonato Brasileiro.

Aliás, 1986 foi um ano especial, porque além do título nacional, dos prêmios e da artilharia, disputou a Copa do Mundo do México, o seu grande momento na seleção nacional – pena que a equipe, de novo dirigida por Telê Santana, já não era tão boa como a de 1982. Mesmo assim fez cinco gols em cinco partidas e teve um ótimo desempenho.

Com esse rendimento, transferir-se para o exterior era questão de tempo. Logo chamou a atenção do futebol italiano, o mais rico do planeta na época, que desde a Copa de 1982, com o mercado local já aberto, passou a importar craques brasileiros. Embora também tenha recebido proposta do Real Madrid, preferiu a Itália, escolhendo principalmente a cidade de Nápoles, lugar alegre de gente apaixonada por futebol. Mais do que isso, Careca optou pela parceria com o argentino Diego Armando Maradona. O Nápoli, clube de poucas conquistas até ali, viveu seus dias de glória impulsionado pela exuberância da dupla: dois títulos italianos (1987 e 1990), Copa da Itália (1989) e Copa da UEFA (1989). Continuou servindo à seleção brasileira, tendo participado da conquista da Copa América de 1989, sob o comando de Sebastião Lazaroni, com quem atuaria na Copa do Mundo disputada na Itália, no ano seguinte. Mais um fracasso brasileiro, mas Careca fez mais dois gols em quatro jogos.

Em 1994, já com 33 anos, buscou a tranquilidade financeira, aceitou uma proposta para jogar no emergente futebol japonês e assinou contrato com o Kashiwa Reysol, clube que ajudou a subir para a primeira divisão local, no mesmo ano. Ainda chegou a ser convocado para a seleção por Carlos Alberto Parreira para alguns jogos das eliminatórias com vistas à Copa de 1994, nos Estados Unidos. Mas teve autocrítica suficiente para perceber que não tinha mais a mesma capacidade e preferiu pedir para não ser mais chamado.

Ficou no Japão até 1996. Com a carreira em declínio, retornou ao Brasil no ano seguinte para ainda realizar um sonho de garoto: jogar por alguns meses no Santos, clube de coração dele e do pai. Em 1998, jogou pelo Campinas, clube que ele mesmo fundou ao lado de Edmar, outro atacante. Ainda teve uma passagem pelo São José do Rio Grande do Sul, no mesmo ano, antes de encerrar a carreira.

QUEM ESTAVA LÁ

WALDIR PERES (GOLEIRO)

Waldir Peres de Arruda nasceu em Garça (SP), em 02/01/1951. Clubes em que jogou: Garça (SP) de 1969 a 1970; Ponte Preta (SP) de 1970 a 1973 e em 1989; São Paulo (SP) de 1973 a 1984; América (RJ) em 1984; Guarani (SP) em 1985; Corinthians (SP) de 1986 a 1988; Portuguesa de Desportos (SP) em 1988; Santa Cruz (PE) em 1989. Defendeu o gol da seleção brasileira em 30 oportunidades, incluindo as cinco partidas da Espanha.

LEANDRO (LATERAL-DIREITO)

José Leandro de Souza Ferreira nasceu em Cabo Frio (RJ), em 17/03/1959. Só jogou no Flamengo (RJ) de 1978 a 1990. Disputou 27 jogos pela seleção brasileira e esteve nas cinco partidas que o Brasil disputou na Espanha.

OSCAR (ZAGUEIRO)

José Oscar Bernardi nasceu em Monte Sião (MG), em 20/06/1954. Clubes em que jogou: Ponte Preta (SP) de 1973 a 1979; New York Cosmos (EUA) de 1979 a 1980; São Paulo (SP) de 1980 a 1986; Nissan (Japão) de 1987 a 1990. Atuou 77 vezes pela equipe brasileira e disputou 12 partidas de Copas do Mundo, inclusive as cinco da Espanha.

LUIZINHO (ZAGUEIRO)

Luiz Carlos Ferreira nasceu em Nova Lima (MG), em 22/10/1958. Clubes em que jogou: Vila Nova (MG) de 1975 a 1977 e de 1995 a 1996; Atlético (MG) de 1978 a 1989; Sporting (Portugal) de 1989 a 1992; Cruzeiro (MG) de 1992 a 1994. Jogou pela seleção brasileira em 36 partidas e disputou os cinco jogos na Copa de 1982.

1982 • Show termina sem taça **145**

Agência O Globo

Time eliminado em 1982: futebol arte encantou o planeta, mas não levou a taça.

Toninho Cerezo (MEIO-CAMPO)

Antônio Carlos Cerezzo nasceu em Belo Horizonte (MG), em 21/04/1955. Clubes em que jogou: Atlético (MG) em 1972, de 1974 a 1983 e em 1996; Nacional (AM) de 1973 a 1974; Roma (Itália) de 1983 a 1986; Sampdoria (Itália) de 1986 a 1992; São Paulo (SP) de 1992 a 1993 e de 1995 a 1996; Cruzeiro (MG) em 1994; Lousano-Paulista (SP) em 1995; América (MG) em 1996. Pela seleção brasileira atuou em 73 partidas, sendo dez em Copas do Mundo, cinco delas no Mundial de 1982.

Júnior (LATERAL-ESQUERDO)

Leovegildo Lins Gama Júnior nasceu em João Pessoa (PB), em 29/06/1954. Clubes em que jogou: Flamengo (RJ) de 1974 a 1984 e de 1989 a 1993; Torino (Itália) de 1984 a 1987; Pescara (Itália) de 1987 a 1989. Vestiu a camisa da seleção brasileira principal 74 vezes e atuou outras 14 pela equipe olímpica. Tem dez jogos em Copas do Mundo, cinco deles na Espanha.

Paulo Isidoro (MEIO-CAMPO)

Paulo Isidoro de Jesus nasceu em Belo Horizonte (MG), em 03/08/1953. Clubes em que jogou: Atlético (MG) de 1975 a 1980; Grêmio (RS) de 1980 a 1983; Santos (SP) de 1983 a 1985; Guarani (SP) de 1985 a 1988; XV de Jaú (SP) em 1989; Cruzeiro (MG) de 1989 a 1990; Internacional (SP) de 1991 a 1992; Valeriodoce (MG) de 1992 a 1997; Planaltina (DF) em 1997. Jogou pela seleção brasileira em 41 oportunidades, sendo quatro delas na Copa do Mundo da Espanha.

Sócrates (MEIA-ATACANTE)

Sócrates Brasileiro Sampaio de Souza Vieira de Oliveira nasceu em Belém (PA), em 19/02/1954. Clubes em que jogou: Botafogo (SP) de 1973 a 1978 e em 1988; Corinthians (SP) de 1978 a 1984; Fiorentina (Itália) de 1984 a 1985; Flamengo (RJ) de 1986 a 1987; Santos (SP) em 1988. Foram 69 jogos pela seleção brasileira, dez em Copas do Mundo, cinco na Espanha.

Serginho (ATACANTE)

Sérgio Bernardino nasceu em São Paulo (SP), em 23/12/1953. Clubes em que jogou: São Paulo (SP) de 1973 a

1983; Marília (SP) em 1973; Santos (SP) de 1983 a 1984, em 1986 e de 1988 a 1990; Corinthians (SP) em 1985; Marítimo (Portugal) em 1987; Atlético Sorocaba (SP) em 1989; Portuguesa Santista (SP) em 1991; São Caetano (SP) de 1991 a 1993. Atuou em 22 partidas da seleção brasileira e disputou os cinco jogos em 1982.

ZICO (MEIA-ATACANTE)
Arthur Antunes Coimbra nasceu no Rio de Janeiro, em 03/03/1953. Clubes em que jogou: Flamengo (RJ) de 1971 a 1983 e de 1985 a 1990; Udinese (Itália) de 1983 a 1985; Kashima Antlers (Japão) de 1991 a 1994. Tem 88 jogos pela seleção brasileira principal e mais seis pela seleção olímpica. Jogos 14 vezes em Copas do Mundo, sendo cinco em 1982.

ÉDER (ATACANTE)
Éder Aleixo de Assis nasceu em Vespasiano (MG), em 25/05/1957. Clubes em que jogou: América (MG) de 1975 a 1976; Grêmio (RS) de 1977 a 1979; Atlético (MG) de 1980 a 1985, de 1989 a 1990 e de 1994 a 1995; Internacional (Limeira - SP) de 1985 e 1992; Palmeiras (SP) em 1986; Santos (SP) em 1987; Sport (PE) em 1987; Botafogo (RJ) em 1988; Atlético Paranaense (PR) em 1988; Cerro Porteño (Paraguai) em 1988; Fenerbahçe (Turquia) em 1989; União São João (Araras - SP) de 1991 a 1992 e em 1995; Cruzeiro (MG) em 1993; Montes Claros (MG) em 1997. Vestiu a camisa da seleção brasileira em 57 oportunidades. Disputou todos os cinco jogos na Copa do Mundo da Espanha.

PAULO SÉRGIO (GOLEIRO)
Paulo Sérgio de Oliveira Lima nasceu no Rio de Janeiro (RJ), em 24/07/1954. Clubes em que jogou: Fluminense (RJ) de 1972 a 1975; CSA (AL) em 1976; Volta Redonda (RJ) em 1977; Americano (RJ) de 1978 a 1979; Botafogo (RJ) de 1980 a 1984; Goiás (GO) em 1985; América (RJ) em 1985 e de 1987 a 1988; Vasco (RJ) em 1986. Tem apenas três jogos pela seleção brasileira, nenhum na Copa de 1982.

EDEVALDO (LATERAL-DIREITO)
Edevaldo de Freitas nasceu em Campos dos Goytacazes, em 28 de janeiro de 1958. Começou a carreira nas categorias

de base do Fluminense (RJ) e foi campeão carioca com a equipe profissional em 1980. Jogou também no Internacional (RS) e no Vasco da Gama, pelo qual foi vice-campeão brasileiro em 1984. Atuou em 18 partidas pela seleção brasileira. Esteve na Copa do Mundo da Espanha e atuou durante alguns minutos na partida contra a Argentina.

JUNINHO (ZAGUEIRO)

Alcides Fonseca Júnior nasceu em Olímpia (SP), em 29/08/1958. Clubes em que jogou: Ponte Preta (SP) de 1974 a 1983 e em 1989; Corinthians (SP) de 1983 a 1986; Juventus (SP) em 1986; Vasco (RJ) em 1986; Cruzeiro (MG) em 1987; XV de Piracicaba (SP) em 1988; Atlético Paranaense (PR) em 1988; São José (SP) em 1989; Nacional (SP) em 1990; Olímpia (SP) em 1991; Yomiuri Verdy (Japão) de 1991 a 1992. Fez apenas quatro jogos pela seleção brasileira e não chegou a atuar na Copa do Mundo de 1982.

FALCÃO (MEIO-CAMPO)

Paulo Roberto Falcão nasceu em Abelardo Lus (SC), em 16/10/1953. Clubes em que jogou: Internacional (RS) de 1971 a 1980; Roma (Itália) de 1980 a 1985; São Paulo (SP) de 1985 a 1986. Disputou 34 jogos pela seleção principal e mais 13 pela equipe olímpica. Atuou em sete jogos de Copa do Mundo, cinco deles na Espanha.

EDINHO (ZAGUEIRO)

Edino Nazareth Filho nasceu no Rio de Janeiro (RJ), em 05/06/1955. Clubes em que jogou: Fluminense (RJ) de 1975 a 1982 e de 1988 a 1989; Udinese (Itália) de 1982 a 1987; Flamengo (RJ) de 1987 a 1988; Grêmio (RS) em 1989. Tem no currículo 59 partidas pela seleção principal e mais 29 pela equipe olímpica. Jogou nove partidas em Copas do Mundo, uma na Espanha.

PEDRINHO (LATERAL-ESQUERDO)

Pedro Luiz Vicençote nasceu em Santo André (SP), em 22/10/1957. Clubes em que jogou: Palmeiras (SP) em 1977 a 1981; Vasco (RJ) de 1981 a 1983 e em 1986; Catânia (Itália) de 1983 a 1985; Bangu (RJ) de 1987 a 1988. Jogou 16 vezes pela seleção brasileira, mas não chegou a atuar no Mundial de 1982.

Batista (meio-campo)

João Batista da Silva nasceu em Porto Alegre (RS), em 08/03/1955. Clubes em que jogou: Internacional (RS) de 1975 a 1981; Grêmio (RS) em 1982; Palmeiras (SP) em 1983; Lazio (Itália) de 1983 a 1985; Avellino Calcio (Itália) em 1985; Belenenses (Portugal) de 1985 a 1987; Avaí (SC) de 1988 a 1989. Atuou 47 vezes pela seleção brasileira principal e 24 pela seleção olímpica. Jogou oito partidas em Copas do Mundo, mas apenas uma na Espanha.

Renato (meia-atacante)

Carlos Renato Frederico nasceu em Morungaba (SP), em 21/02/1957. Clubes em que jogou: Guarani (SP) de 1975 a 1980; São Paulo (SP) de 1980 a 1984; Botafogo (RJ) em 1985; Atlético (MG) de 1986 a 1989; Nissan (hoje Yokohama Marinos, Japão) de 1989 a 1993; Ponte Preta (SP) de 1994 a 1996; Taubaté (SP) em 1997. Fez 25 partidas pela seleção, mas não atuou na Copa do Mundo.

Roberto Dinamite (atacante)

Carlos Roberto de Oliveira nasceu em Duque de Caxias (RJ), em 13/04/1954. Clubes em que jogou: Vasco (RJ) de 1970 a 1979, de 1980 a 1989, em 1990 e de 1992 a 1993; Barcelona (Espanha) em 1981; Portuguesa de Desportos (SP) de 1989 a 1990; Campo Grande (RJ) em 1991. Realizou 47 partidas pela seleção principal, mais cinco pela equipe olímpica. Disputou cinco partidas de Copas do Mundo, nenhuma delas na Espanha.

Dirceu (meio-campo)

Dirceu José Guimarães nasceu em Curitiba (PR), em 15/06/1952 e faleceu em 15/09/1995. Clubes em que jogou: Coritiba (PR) de 1970 a 1972; Botafogo (RJ) de 1973 a 1976; Fluminense (RJ) em 1976; Vasco (RJ) de 1977 a 1978 e em 1988; América (México) de 1978 a 1979; Atlético de Madrid (Espanha) de 1979 a 1982; Verona (Itália) de 1982 a 1983; Napoli (Itália) de 1983 a 1984; Ascoli (Itália) de 1984 a 1985; Como (Itália) de 1985 a 1986; Avellino (Itália) de 1986 a 1987; Miami Sharks (EUA) em 1988; Empoli (Itália) de 1989 a 1990 e em 1992; Bologna (Itália) de 1990 a 1991; Ancara

(Itália) de 1993 a 1994; Yucatán (México) em 1995. Jogou 37 vezes pela seleção brasileira principal e outras 12 pela equipe olímpica. Em Copas do Mundo foram 12 partidas, apenas uma na Espanha.

Carlos (goleiro)

Carlos Roberto Gallo nasceu em Vinhedo (SP), em 04/03/1956. Clubes em que jogou: Ponte Preta (SP) de 1974 a 1983; Corinthians (SP) de 1984 a 1988; Galatasaray (Turquia) de 1988 a 1989; Atlético (MG) em 1990; Guarani (SP) em 1991; Palmeiras (SP) em 1992; Portuguesa de Desportos (SP) em 1993. Pela seleção principal disputou 44 jogos, além de 25 partidas pela seleção olímpica. Em Copas do Mundo, foram cinco partidas, nenhuma delas em 1982.

Técnico Telê Santana

Telê Santana da Silva nasceu em Itabirito (MG), em 26 de julho de 1931 e faleceu em 21 de abril de 2006, em Belo Horizonte. Como jogador ficou conhecido pelo apelido "Fio de Esperança" vestindo a camisa 7 do Fluminense, clube pelo qual ganhou dois estaduais, um Torneio Rio-São Paulo e a Copa Rio, torneio intercontinental, em 1952. Jogou ainda no Guarani e no Vasco. Como técnico trabalhou no Atlético (MG), Palmeiras, Grêmio, São Paulo, Fluminense, Flamengo e Al Ahly (Arábia Saudita). Ganhou seis campeonatos estaduais em quatro estados diferentes, dois Campeonatos Brasileiros, duas Libertadores da América, duas Recopas Sul-Americanas e uma Supercopa dos Campeões da Libertadores. Dirigiu a seleção em duas Copas do Mundo (1982 e 1986).

1994

EUA

Pragmatismo para sair da fila

Aquele 19 de julho de 1994 era uma terça-feira cheia de sol em Recife, dia normal de trabalho. O comandante avisou pela comunicação interna do avião que faria um voo panorâmico sobre a cidade e iria à menor altitude possível. Pediu a todos que observassem pelas janelas o que estava acontecendo lá embaixo. Somente neste momento, 48 horas depois do final da Copa do Mundo, é que as lágrimas brotaram nos olhos do pragmático e experiente Carlos Alberto Parreira, técnico da seleção brasileira que retornava dos Estados Unidos depois de conquistar o Mundial. "Era uma multidão ocupando todas as ruas da cidade, a Praia de Boa Viagem lotada. Uma visão incrível lá do alto. Naquele momento a ficha caiu. Ali eu percebi que era campeão do mundo."

A conquista do tetra foi, provavelmente, a mais bem organizada campanha internacional de uma seleção nacional. Apesar disso, com ela terminava também um trabalho recheado de sofrimento, desconfiança, críticas e pressão.

Em 1994, a última conquista brasileira já completava 24 anos, e nas três Copas anteriores a seleção sequer havia atingido as semifinais. O mau desempenho na parte inicial das eliminatórias para a Copa dos EUA colocou a imprensa especializada e boa parte da torcida contra a equipe. Mas, curiosamente, o chefe da comissão técnica diz que aquela fase da competição "foi tranquila" e que nunca teve dúvida sobre conseguir classificar a equipe e brigar pelo título, mesmo quando os primeiros resultados da fase eliminatória tinham sido muito ruins.

Parreira chegou a dirigir a seleção brasileira em duas outras oportunidades antes de outubro de 1991, quando começou a organizar o projeto do tetracampeonato. Mas foram trabalhos rápidos, sem consequências. No momento em que substituiu Paulo Roberto Falcão, técnico entre o final da Copa do Mundo da Itália, em 1990, e a Copa América do Chile, em 91, Parreira estava em alta: havia sido vice-campeão brasileiro com o modesto Bragantino, do interior de São Paulo. Seus concorrentes à vaga eram Wanderley Luxemburgo, técnico emergente, e o experiente Telê Santana, contra quem pesavam duas derrotas nas Copas de 1982 e 1986. "Para mim não foi uma surpresa ser convidado", comenta.

Falcão havia comandado, a pedido da CBF, um trabalho de laboratório, tentando encontrar e dar oportunidade na seleção a jogadores mais jovens, atletas que atuavam no Brasil, forçando uma renovação na equipe que vinha fracassada da Copa da Itália, em 1990 – uma das campanhas brasileiras mais fracas em mundiais. O projeto foi levado conforme a encomenda, tanto que alguns jogadores daquelas convocações seriam titulares nos Estados Unidos. Mas, como era de se esperar, os resultados foram ruins, inclusive com a eliminação na Copa América do Chile, que culminou com a demissão do técnico. "O trabalho do Falcão foi corretíssimo, ele fez tudo o que deveria fazer. Se houve um equívoco foi não se importar com os resultados. Uma seleção brasileira não pode ficar muitas partidas sem vencer, o técnico não resiste", avalia Parreira.

Curioso perceber que entre os jogadores as opiniões divergem sobre aquele período. Bebeto, remanescente da Copa de 1990 e uma das peças mais importantes em 1994, não tem boas lembranças:

– Para mim não teve nenhuma importância. Eu tinha sido escolhido o melhor jogador das Américas em 1989, repetia o bom desempenho em 1990, mas percebi que não estava nos planos – conta. Sabia que estava melhor do que os outros que ele colocava na minha posição. Não estava satisfeito e ainda aconteceu um episódio que me fez pedir dispensa da seleção: minha filha nasceu quando nós estávamos concentrados em Porto Alegre, pedi para ir conhecê-la e Falcão não permitiu.

Cafu, no entanto, considera aquelas convocações fundamentais para o seu futuro na equipe nacional:

– Fui chamado pela primeira vez para a seleção principal pelo Falcão, ainda em 1990, para um amistoso contra a Espanha. Nas primeiras vezes fui como volante, minha posição original, mas no São Paulo já jogava na lateral, porque havia carência na equipe – relembra o recordista de jogos com a camisa da seleção brasileira. Quem aproveitou aquele período e levou a sério, conseguiu ficar.

Outros nomes chamados naquela época por Falcão permaneceram: Leonardo, Mauro Silva, Raí, Márcio Santos, titulares na Copa do Mundo dos Estados Unidos, mais de três anos depois.

Esquecendo 1990

Como explicar que o melhor futebol do mundo havia 20 anos não chegava sequer a uma final de Copa do Mundo? Com esse pensamento, Carlos Alberto Parreira aceitou dirigir a seleção. "Era um grande fardo, estávamos numa baixa danada, desacreditados." O primeiro passo, segundo ele, foi exatamente recuperar a autoestima, motivar os jogadores para que eles tivessem orgulho de vestir a camisa da seleção. E o projeto só tinha "plano A": ser campeão do mundo.

> – Você aprende muito nas derrotas, por isso nosso primeiro passo foi detectar os erros de 1990 – diz Parreira. Conversamos com muita gente que havia acompanhado o trabalho anterior e percebemos que faltou união naquele grupo, não havia coesão entre comissão técnica, jogadores, imprensa. A ida das famílias para acompanhar tudo de perto não foi boa. Além disso, também a discussão por causa de pagamento de prêmios e dos patrocínios prejudicou. Tentamos evitar isso desde o começo.

Parreira cercou-se de algumas pessoas experientes como Mário Jorge Lobo Zagallo, além de Américo Faria (administrativo), Admildo Chirol e Moracy Santana (preparadores físicos). Eles seriam conselheiros importantes para manter a serenidade no auge da pressão.

Procurou os jogadores mais experientes, expôs o seu plano e estabeleceu as condições de trabalho. "A vantagem é que tínhamos poucos atletas atuando fora do Brasil", lembra o técnico. Desde o princípio ficou claro ao grupo que o que havia atrapalhado em 1990 não poderia ser obstáculo para 1994. As questões financeiras seriam resolvidas sempre com muita antecedência, os jogadores teriam de estar preocupados apenas em jogar, em se concentrar no objetivo, ninguém levaria família. "Acho que começamos a ganhar a Copa quando dissemos ao presidente da CBF que não nos interessava ficar discutindo o prêmio pela conquista da Copa do Mundo", diz Bebeto.

Mauro Silva lembra, ainda, que os jogadores tentaram com a CBF uma extensão do prêmio a massagistas, roupeiros e funcionários mais humildes. A entidade alegou que não tinha como aumentar o valor da premiação, se a Copa fosse conquistada.

- Foi nesse momento que nós, jogadores, resolvemos pegar o bolo que seria destinado ao grupo para dividir com todo mundo. Queríamos todos trabalhando felizes, um grupo coeso. Foi bom, tempos depois, ouvir aquelas pessoas mais humildes dizerem que haviam conseguido comprar uma casa, um apartamento para a família – diz Mauro.

Em seguida, foi definida a filosofia de jogo: uma linha de quatro defensores, quatro homens no meio e dois finalizadores. "O Brasil foi vencedor quando respeitou as suas origens, a sua tradição, que é jogar no 4-4-2. E jogaríamos marcando por zona, ocupando os espaços, e valorizando sempre a posse de bola o maior tempo possível", teoriza Parreira. Mesmo com essa organização, nada era de fácil implantação, até porque naquela época o tempo para treinos da seleção já era mínimo, por isso Parreira procurava manter a base do time sempre que os jogadores se encontravam para, atuando, conseguirem entrosamento e assimilarem o esquema proposto.

"Com o Parreira, mudou tudo", avalia Bebeto. "A equipe passou a ter um padrão de jogo definido, cada um sabia a sua função, apesar de terem criticado muito aquele time, dizendo que ele jogava feio. Mas ele mostrou-se muito competente, competitivo, organizado." Cafu completa lembrando que a experiência de Parreira, com participações em várias Copas do Mundo, já tendo dirigido a própria seleção brasileira em outras oportunidades, também fez diferença. "Um dos grandes problemas enfrentados pelo Falcão deve ter sido a inexperiência."

Mauro, homem de confiança

A organização comandada pelo técnico da seleção ficou explícita em maio de 1992 num amistoso contra o poderoso Milan, bicampeão da Europa em 1989 e 90, estrelado pelo trio holandês Van Basten, Gullit e Rijkaard. O Brasil ganhou de 1 a 0 e o desenho da equipe era praticamente o mesmo que seria utilizado no Mundial, dois anos depois – a base de jogadores já estava ali. Este jogo marcou também a volta de Dunga ao meio-campo, substituindo Raí, que não pôde atuar porque estava a serviço do São Paulo em jogos decisivos da Copa Libertadores da América.

Parreira ficou impressionado com a consistência do time com Dunga e Mauro Silva no meio-campo. Por isso, foi ali que surgiu a ideia (que só iria amadurecer nas eliminatórias) de dois volantes marcadores, no lugar de um volante e três meias. Sim, apenas um volante! Essa era a concepção tática inicial de Parreira, que, por causa da armação da equipe de 1994 é considerado até hoje retranqueiro.

Desde o começo das eliminatórias, a seleção jogava com apenas um volante de marcação, Mauro Silva. As outras três vagas no meio-campo eram ocupadas por meias de criação, como Luiz Henrique, Raí, Zinho, Giovanni, Neto, Valdo, Valdeir, Júnior. Dunga, tão marcador como Mauro, começou a reescrever ali a sua história, pois ainda carregava o peso da catastrófica campanha de 1990, apelidada pela imprensa como "era Dunga". Em 1994, conseguiu uma das mais espetaculares reviravoltas na carreira de um atleta da seleção.

Claro que o acaso se encarregou de dar uma ajuda ao gaúcho Dunga. Afinal, de acordo com o projeto inicial de Parreira, ele seria reserva de Mauro Silva, o volante titular. Mesmo depois de ganhar a posição Dunga ainda não era o capitão da seleção – papel de Raí, que só não ergueu a taça nos Estados Unidos porque o desempenho ruim da equipe nos primeiros jogos do Mundial o levou para o banco de reservas, dando seu lugar a Mazinho, um terceiro volante, mas com mobilidade para desempenhar várias funções numa mesma partida, segundo Parreira. Mais: Dunga, hoje lembrado como líder daquele grupo de 1994, nem era o homem de confiança do técnico antes da Copa.

Na verdade, Mauro Silva ocupava esse lugar, como Parreira gosta de lembrar. "Mauro Silva era o meu homem de confiança, tinha trabalhado comigo no Bragantino. Um jogador que fazia 100 partidas e nas 100 rendia 70%, tinha uma regularidade impressionante." Mauro Silva fica orgulhoso ao saber da declaração do técnico, embora isso também tenha lhe dado, à época, muito mais responsabilidade. "Eu e o Parreira somos parecidos, sempre fui muito disciplinado em tudo, mesmo fora do futebol. E sempre procurava treinar muito e atender aos pedidos dele. Isso deve ter ajudado a ganhar essa confiança."

Derrota histórica

Contudo, antes dos detalhes da seleção de 1994, foi preciso passar pelas eliminatórias e contornar uma crise envolvendo Romário. A fase de classificação para a Copa dos Estados Unidos foi disputada com o seguinte sistema: nove seleções divididas em dois grupos, um com cinco e outro com quatro países. Jogos em turno e returno dentro dos grupos e as duas mais bem classificadas de cada grupo indo para o Mundial. No Grupo B, o do Brasil, seriam oito jogos em dez semanas, com a maioria das partidas nos finais de semana, entre julho e setembro de 1993. No final de 92, um episódio envolvendo Romário tumultuou o trabalho, num amistoso contra a Alemanha em Porto Alegre, última atividade do ano, em dezembro.

> – Nas convocações anteriores, o Romário sempre teve alguma dificuldade – conta Parreira. Numa estava machucado, na outra o clube não liberava. Para aquele amistoso contra os então campeões do mundo, Bebeto e Careca seriam os titulares, porque tinham jogado juntos em quase todos os jogos do ano. E o Romário, perguntado numa entrevista, disse que tinha vindo para jogar. Não foi nada demais, mas é claro que aquilo ganhou uma dimensão muito maior, por se tratar do Romário. Então, para não causar polêmica nas convocações seguintes, porque iam dizer que ele tinha ganhado na pressão, resolvemos deixar ele de fora. Mas sempre fomos claros em afirmar que na hora certa ele voltaria. E foi o que aconteceu. Ele também foi supercorreto, não ficou cutucando lá da Europa.

Na verdade, a frase que Romário disse, como ele mesmo divulgou em seu site pessoal na internet, foi: "Não vim da Europa para ficar no banco". Ainda em Porto Alegre, antes do jogo, Mário Jorge Lobo Zagallo, o supervisor da equipe, chamou o atacante para conversar e disse a ele que a seleção seria escalada "de cima para baixo", nunca o contrário. O supervisor de então, ao relembrar do caso, é mais incisivo que o técnico. "Foi uma punição, sim. E tínhamos de punir. Não podíamos aceitar aquela atitude. Mas nunca dissemos que ele não voltaria. Quando foi necessário, convocamos."

No meio de 1993, o Brasil jogou mal a Copa América, no Equador, só vencendo o Paraguai, empatando com Peru e Argentina e perdendo do Chile. O torcedor, que já não estava muito animado, passou a pressionar. Parreira lembra que havia uma grande preocupação com o estado físico dos jogadores: quem jogava em clubes brasileiros, estava no meio da temporada; quem vinha da Europa, estava em final. O Brasil jogaria as quatro primeiras partidas fora de casa, para depois receber os quatro adversários em cidades brasileiras. Esse havia sido um pedido da comissão técnica brasileira exatamente para ter o time mais homogêneo quando chegasse a hora dos jogos em território nacional.

Para complicar mais a situação, o Brasil estreou fazendo dois jogos na altitude, primeiro em Quito e depois em La Paz. Após um empate de 0 a 0 contra o Equador, o Brasil foi derrotado pela Bolívia por 2 a 0 – nunca antes a seleção havia perdido um jogo de eliminatória. Nos dois jogos, o meio-campo foi formado por Mauro Silva, Luiz Henrique, Raí e Zinho. "Sabíamos que sofreríamos no começo, mas depois, nos jogos em casa, conseguiríamos nos recuperar, a parte física estaria mais equilibrada", fala Parreira.

Com dois jogos e apenas um ponto, aumentou a cobrança da torcida e da imprensa. Jornais já discutiam quem seria o novo técnico, porque acreditavam ser iminente a demissão de Parreira. Antes do terceiro jogo contra a Venezuela, o Brasil teve um intervalo e aproveitou para realizar um amistoso, em Maceió, contra o México mas sem poder contar com alguns jogadores, que tiveram de ir à Europa para atuar por suas equipes nos campeonatos nacionais. O Brasil vencia por 1 a 0, mas no finalzinho tomou um gol de pênalti. Mais críticas surgiram e um jornal publicou que Parreira, não suportando a pressão, pediria demissão. Aí aconteceu o episódio que, para a maioria dos integrantes daquele grupo, marcou a arrancada definitiva para a conquista da Copa.

– Quando nós voltamos de Maceió para a Granja Comary, fomos fazer um lanche no refeitório, já no começo da madrugada – detalha o técnico. Percebi que os jogadores terminavam de comer, mas não se levantavam, não iam para os quartos. Quando eu resolvi sair, o Raí e o Ricardo Rocha pediram para que eu ficasse que eles tinham algo a dizer, em nome do grupo. Aí eles me questionaram sobre a notícia da minha saída. Alegaram que não havia razão, que nos jogos no Brasil ganharíamos e iríamos para a Copa. Eu deixei claro a eles que nunca me passou pela cabeça sair, que não sabia de onde tinha vindo a notícia. Para mim, esse acontecimento deu a química para a vitória.

Bebeto, que não participou do jogo em Maceió por estar contundido, lembra de ter ido ao quarto de Parreira na volta da delegação, "para dar apoio, passar tranquilidade". Depois, ao lado de todos os jogadores, chegou a dizer ao técnico que a classificação seria conquistada com o primeiro lugar do grupo e que ganhariam o título mundial. "O Leonardo também se manifestou e disse que o papel dos reservas era fundamental", relata Mauro Silva. "Porque os reservas não poderiam torcer para um companheiro ir mal para terem uma chance. Tinham de estar prontos para entrar e ajudar o grupo."

Mas o mau futebol e os resultados negativos nos dois primeiros jogos das eliminatórias e no amistoso levaram o técnico a recuperar a formação da vitória sobre o Milan, mais de um ano antes. E ele decidiu pela entrada de Dunga na equipe, no lugar de Luiz Henrique. O Brasil goleou a Venezuela por 5 a 1, em Caracas, pelas eliminatórias, e o meio-campo teve Mauro Silva, Dunga, Raí e Elivélton (este no lugar de Zinho, suspenso). Parreira resolveu que aquela seria a nova composição do time e seguiu assim até o Mundial.

O último jogo como visitante foi contra o Uruguai de Francescoli, Ruben Sosa e Fonseca e terminou empatado em 1 a 1. E, como se esperava, nos jogos realizados no Brasil, não houve dificuldades: 2 a 0; 6 a 0 e 4 a 0, respectivamente contra Equador, Bolívia e Venezuela. Faltava só a última partida contra o Uruguai, mas que demoraria 15 dias para acontecer, porque no grupo com número ímpar de participantes, um sempre folgava na rodada. Por isso, no final de semana dos dias 11 e 12 de setembro, Parreira aproveitou para tirar uma folga e foi para Angra dos Reis. Voltou dirigindo para o Rio, na noite do domingo.

A VOLTA DE ROMÁRIO

Parreira conta como foi a viagem:

– Já na estrada, liguei o rádio para saber os resultados do futebol naquele domingo. E o locutor informou que o Uruguai tinha derrotado a Bolívia por 2 a 1, em Montevidéu. Se a Bolívia tivesse ganhado, o Brasil já estaria na Copa. Com aquele resultado, Brasil x Uruguai passou a ser uma decisão, um dos dois podia ficar fora do Mundial. Eu vim até o Rio dirigindo com aquilo na cabeça, pensando... Ao chegar à minha casa, a primeira coisa que fiz foi ligar para Zagallo e dizer: "estou convocando o Romário". Ele aprovou na hora. Em seguida, outra ligação, desta vez para Américo Faria, que providenciaria toda a parte burocrática.

O técnico rechaça a tese de que tenha havido pressão do presidente da CBF Ricardo Teixeira pela convocação. "Ele nem estava no Brasil", garante.

Tanto Parreira quanto Zagallo consideraram que além do momento espetacular que o atacante vivia na Europa, com grandes atuações pelo Barcelona todos os finais de semana, havia o impacto psicológico que a sua convocação causaria sobre os adversários quase um ano depois da polêmica sobre a reserva no jogo contra a Alemanha. "O time já estava voando e o Romário entrou como a peça que faltava para fechar o grupo", teoriza Bebeto. "Nós acompanhamos toda aquela polêmica sobre ele de longe. Ninguém tinha nada contra a presença dele na seleção. Tanto que entrou, decidiu o jogo com o Uruguai e foi peça crucial na conquista do tetra", garante Mauro Silva.

O Brasil precisava apenas de um empate contra o Uruguai, mas venceu por 2 a 0, no Maracanã lotado, com dois gols de Romário, numa exibição classificada por Parreira como um dos maiores massacres que presenciou num campo de futebol. "O Uruguai tinha um bom time, mas não conseguiu nos ameaçar. Depois do jogo eu disse que a equipe estava pronta, que bastava manter aquele nível de rendimento para ganhar a Copa." Bebeto concorda e diz que ali foi o começo da arrancada – e o começo de uma história de sucesso da dupla Bebeto-Romário. "Se não foi a melhor dupla de ataque que a seleção brasileira já teve, foi uma das três melhores", afirma Romário. "Isso não só em Copa do Mundo, mas em todas as competições."

– O Romário foi o meu melhor parceiro, nosso entrosamento era perfeito. Éramos jogadores rápidos, inteligentes, quando um pegava na bola e outro já sabia o que era para fazer. Vai ser difícil formar outra dupla como a nossa – garante Bebeto. Entre nós dois não existia vaidade, nosso objetivo sempre foi o grupo. Com certeza foi uma dupla que entrou para a história do futebol brasileiro.

Apesar da classificação e do time montado nove meses antes do Mundial, a desconfiança do torcedor voltou nas partidas amistosas no final de 1993 e nos jogos preparatórios em 1994. Para agravar a situação, no último amistoso, uma semana antes da estreia, Ricardo Gomes contundiu-se contra El Salvador e foi cortado. Márcio Santos passou a fazer a dupla de defesa com Ricardo Rocha (e Ronaldão foi convocado para completar o grupo). Jorginho e Leonardo eram os laterais e Taffarel o goleiro. O meio-campo da estreia, em São Francisco, teve Mauro Silva, Dunga, Raí e Zinho, com Bebeto e Romário no ataque. O Brasil ganhou da Rússia (2 a 0, gols de Romário e Raí, este cobrando pênalti), e perdeu mais um zagueiro: Ricardo Rocha, machucado, deu adeus à Copa do Mundo e foi substituído por Aldair. Vitória também sobre Camarões (3 a 0, gols de Romário, Márcio Santos e Bebeto), de novo em São Francisco. Nenhum dos dois jogos serviu para entusiasmar, ao contrário, causaram preocupação ao técnico Carlos Alberto Parreira, principalmente pelo rendimento fraco de Raí, que deveria ser o criador de jogadas para Bebeto e Romário. "Ele era o único grande meia do futebol brasileiro na época, não tínhamos mais ninguém que pudesse organizar o jogo da seleção", atesta Parreira. Contra Camarões foi substituído por Müller durante o jogo.

Em seguida, com o time já classificado para a etapa seguinte, Raí teve a sua última chance e de novo foi mal no empate de 1 a 1 com a Suécia, em Detroit, com Anderson marcando para a Suécia e

Romário empatando para o Brasil. Nesta partida, o até então capitão brasileiro deixou o campo para a entrada de Paulo Sérgio, que também não foi bem e recebeu muitas críticas. Com a Copa entrando na sua fase mais importante, Parreira decidiu colocar Mazinho na equipe titular, embora essa alternativa não tivesse sido treinada antes.

> – Ele deu mais solidez ao meio-campo, fazia várias funções, jogou de lateral, de volante, de meia. A equipe ficou bem organizada, mas passamos a depender mais de Bebeto e Romário para resolver o jogo na frente. Como eles estavam em grande fase, tudo deu certo – explica Parreira.

O primeiro confronto da segunda fase, nas oitavas de final, foi contra os anfitriões, justamente no dia 4 de julho, data da independência do país. De volta a São Francisco, contra um estádio lotado, barulhento e com muito calor, o Brasil sofreu, mas conseguiu derrotar os Estados Unidos por 1 a 0, gol de Bebeto em jogada de Romário – e mais uma baixa, Leonardo agrediu um adversário, foi expulso e acabou suspenso do restante do Mundial. Branco, que voltava de contusão, assumiu a lateral-esquerda e seria decisivo para a equipe chegar à decisão.

CLASSIFICAÇÃO EM RISCO

Aquele jogo deu a Bebeto uma certeza: o Brasil ganharia a Copa do Mundo. "Quando o Leonardo foi expulso, a situação ficou muito complicada, com um jogador a menos, contra os donos da casa. Eu fui até ele e disse que faria o gol e ganharíamos a partida. Foi o que aconteceu. Ali eu tive a certeza de que o título era nosso." Mauro Silva também considera aquela vitória um dos sinais claros de que o Brasil estava no caminho certo. Mas, para chegar à disputa do título, a equipe brasileira teria de passar pela Holanda, nas quartas de final, jogo em que viveu, na opinião de Parreira, o único momento de instabilidade e que poderia ter custado o sucesso na competição. A seleção ganhava por 2 a 0, em Dallas, gols de Bebeto e Romário e sofreu o empate no começo do segundo tempo, gols de Bergkamp e Winter, com um intervalo de 12 minutos.

- Foram duas falhas incríveis da defesa. Todo mundo falhou, inclusive o Taffarel. Tomamos um gol que começou numa lateral, uma coisa inacreditável para a categoria e a consistência daquele time. Aí conseguimos marcar o terceiro naquela falta cobrada pelo Branco, recuperamos o domínio do jogo e fomos em frente – relembra, destacando que houve um intervalo de cinco minutos em que a equipe correu risco de ser eliminada, naquele período entre o segundo gol da Holanda e o terceiro do Brasil.

Mauro Silva completa: "Aquela seleção só tomou três gols. E dois naquele jogo. Ali, por alguns minutos, ficou a sensação de que todo esforço, todo o sacrifício daquele grupo seria em vão". Na semifinal, de novo o adversário foi a Suécia. Mais uma vez um jogo duro, mas a seleção brasileira conseguiu vencer por 1 a 0, gol de Romário, em Los Angeles.

Depois de 24 anos, uma final de Copa do Mundo e, por ironia, contra a mesma Itália de 1970. Os dois em busca do tetra, da hegemonia na principal competição de futebol do planeta. O Estádio Rose Bowl, em Pasadena, nas imediações de Los Angeles, parecia um caldeirão. Não só pelo seu formato e pelas arquibancadas repletas, mas pelo calor intenso da Califórnia, problema agravado pelo horário do jogo, no começo da tarde, para favorecer as transmissões internacionais de televisão. "Erro mínimo, acerto máximo foi o tema da palestra do Parreira antes da final", lembra o capitão Dunga.

Mauro Silva recorda a mistura de sentimentos ao estar diante de uma decisão de Copa do Mundo:

- O sonho de qualquer jogador é chegar à seleção. Na seleção, você sonha em ir a uma Copa. E quando chegamos à final tendo pela frente a Itália, passou pela minha cabeça toda a história do futebol brasileiro, eu lembrava do tricampeonato no México, dos heróis do nosso futebol. Os dois países eram tri, quem vencesse seria tetra. Já pensou se perdêssemos? Se a pressão já era grande antes... Meses antes o Ayrton Senna tinha morrido, havia pouco tempo o Plano Real tinha mudado a economia de novo, estávamos na fila havia 24 anos. Parecia até que ganhar a Copa resolveria todos os problemas.

"Mr. Coach"

Para Carlos Alberto Parreira, a final de 1994 foi um grande jogo, uma partida de xadrez. As duas equipes se respeitaram demais, porque sabiam que quem cometesse um erro voltaria para casa sem a taça.

- Eu tenho fotos daquele jogo, tiradas do alto, que mostram a Itália fechadinha, sempre marcando com oito, nove jogadores atrás da linha da bola - relata o técnico. E na preleção, no vestiário, colocamos um vídeo motivacional com aquela música *Amigos para siempre*, em espanhol, que o Jose Carreras cantou nos Jogos Olímpicos de Barcelona. Aquilo ficou sendo a marca daquele grupo. Até hoje, quando algum deles me manda uma correspondência, sempre escreve no começo ou no final "*amigos para siempre*".

1994 • Pragmatismo conquista o tetra 169

Agência O Globo

Romário perde gol na final contra a Itália: primeira final sem gols e Copa decidida nos pênaltis.

O jogo contra a Itália foi amarrado, com poucas possibilidades de gol, mas as melhores chances foram brasileiras, inclusive num chute de Mauro Silva que o goleiro Pagliuca não conseguiu segurar e a bola pegou na trave. "Até hoje, quando revejo aquele lance, fico torcendo para ela entrar", lamenta o jogador. Cafu também tem boas recordações, porque aos 10 minutos teve que substituir Jorginho, contundido – iniciando ali a caminhada que o transformou no único atleta da história a disputar três finais de Copa do Mundo.

– Eu treinava mais do que todo mundo porque tinha de estar pronto para uma eventualidade – conta ele. Tanto que quando fui chamado entrei tranquilo e consegui participar de dois lances em que quase fizemos o gol. Foram dois cruzamentos, num o Bebeto e no outro o Romário perderam o gol dentro da pequena área.

A decisão foi para as cobranças de pênaltis – pela primeira vez na história uma Copa do Mundo seria decidida dessa forma. O drama era maior na cabeça de dois brasileiros, Mauro Silva e Bebeto. Mauro revela: "Dois meses antes, o nosso time na Espanha, o La Coruña, havia perdido o campeonato em um pênalti no último minuto de um jogo com o Valencia". Nos Estados Unidos, Baresi, o capitão italiano, errou a primeira cobrança, mas Márcio Santos também desperdiçou na sequência. "O Márcio era o nosso melhor batedor, não errava nos treinos. Ali começou a dar um desespero, aumentou a pressão para cima dos demais", conta Cafu, que não estava entre os que cobrariam. "Aquela caminhada entre o meio-campo e o local da cobrança, dura uns 10 segundos, mas para quem vai bater parecem três ou quatro horas. Eu pago promessa até hoje de tanto santo que eu chamei naquele momento", brinca Dunga, que converteu a sua cobrança, assim

1994 • Pragmatismo conquista o tetra   **171**

Agência O Globo

SENNA...ACELERAMOS JUNTOS, O TETRA É NOSSO!

Jogadores comemoram tetra com homenagem a Senna: morte do piloto mobilizou time pela conquista.

como Romário e Branco. Taffarel pegou o chute de Massaro e o Brasil ficou em vantagem faltando uma cobrança para cada lado. Quando Baggio, principal jogador italiano, errou, o Brasil comemorou o título e Bebeto, que seria o último brasileiro, nem precisou cobrar.

Enquanto Cafu só conseguia pensar "eu sou campeão", Bebeto lembrava da família, do filho Matheus que tinha nascido no Brasil e ele ainda não conhecia. Para ele fez uma homenagem num dos gols que marcou, embalando um bebê imaginário – gesto que virou quase uma obrigação para os papais-artilheiros do futebol mundial desde então. Mas lembrou-se também de Ayrton Senna, piloto brasileiro de Fórmula 1, morto alguns meses antes num acidente que provocou comoção nacional. Para o capitão Dunga, aquela geração contribuiu com o futebol mostrando ao país "como se vence". Mas é do técnico Parreira a última história daquele domingo nos Estados Unidos.

- No momento em que todos os jogadores receberam as medalhas, eles foram descendo para o campo, para a volta olímpica. Eu fiquei por último. Aí o vice-presidente americano, Al Gore, pegou a taça que o Dunga já tinha levantado e me entregou, porque ela tinha sido deixada em cima de uma bancada. Foi por isso, coisa do acaso, que aconteceu aquela cena, eu descendo a escada da tribuna, passando no meio das pessoas, e dizendo aos brasileiros "podem tocar, ela é nossa". E quando cheguei ao vestiário, alguém aparece com um telefone, dizendo "o presidente quer falar com você". Eu pensei que era o presidente brasileiro, na época Itamar Franco. Ou então o presidente da FIFA. Quando eu atendi, a pessoa falou: "*Hey Mr. Coach, congratulations*". Era o Bill Clinton, presidente dos Estados Unidos, que não tinha ido ao estádio e queria me cumprimentar pela conquista.

QUEM FALTOU?

RICARDO GOMES, O REI DAS CONTUSÕES

Faltavam apenas oito dias para a estreia na Copa do Mundo nos Estados Unidos. Aquele amistoso contra El Salvador, no calor da Califórnia, serviria apenas para dar ritmo de jogo ao grupo, fazer os últimos ajustes e testar algumas poucas peças. Mas logo aos 21 minutos do primeiro tempo Ricardo Gomes teve de ser substituído por Márcio Santos: uma contusão muscular levou ao corte do zagueiro que se preparava para sua segunda Copa do Mundo, com o objetivo de tentar apagar a decepção de 1990, quando havia sido eliminado nas oitavas de final pela Argentina.

Ficar fora da Copa de 1994 foi apenas o desfecho de uma sequência de infortúnios pessoais em Mundiais. Depois de ter sido tricampeão carioca pelo Fluminense (1983/84/85) e campeão brasileiro (1984), Ricardo era um jogador em ascensão no futebol brasileiro e com grandes chances de atuar pela seleção de Telê Santana na Copa do Mundo de 1986, no México. Mas uma contusão importante, ainda na fase das eliminatórias, impediu que ele fosse convocado. Primeira oportunidade desperdiçada, primeira contusão a atrapalhar uma caminhada de sucesso na seleção.

A compensação veio na edição seguinte, quando Ricardo Gomes já brilhava na Europa, jogando pelo Benfica, em Portugal, tendo conquistado o Campeonato Português na temporada 1988/89. Titular desde o começo da preparação para a Copa, ele recebeu a braçadeira de capitão das mãos do técnico Sebastião Lazaroni e se imaginou erguendo a taça na Itália.

Mas liderou um grupo cheio de problemas – desde a divisão interna até a discussão de prêmios e patrocínios. Resultado: futebol contestado desde o começo e uma eliminação melancólica ainda nas oitavas de final para a vizinha e grande rival Argentina. Para Ricardo Gomes foi ainda pior: na partida de despedida, o capitão foi expulso de campo.

A redenção poderia ter vindo nos Estados Unidos, não fosse mais uma contusão, oito dias antes do início da Copa – Ronaldão foi o zagueiro chamado para ocupar a vaga de Ricardo Gomes com a camisa 4. Nas eliminatórias para a competição nos Estados Unidos participou de quatro dos oito jogos, justamente as quatro partidas no Brasil, e marcou três gols, mesmo sendo zagueiro.

Elogio de Romário

Ricardo Gomes nasceu em 13 de dezembro de 1964, no Rio de Janeiro (RJ) e começou a sua carreira no Fluminense, ainda nas categorias de base. Em 1982, aos 18 anos, já treinava entre os profissionais. Em 1988, depois dos títulos na equipe carioca e de ver frustrada a participação no Mundial de 1986, foi negociado com o Benfica de Portugal, onde conquistou dois títulos nacionais. "Ricardo Gomes foi um dos melhores zagueiros que enfrentei e nunca fiz gols em partidas em que ele atuou contra o meu time. Ele, Ricardo Rocha e Mozer foram os melhores que enfrentei", afirma Romário, um dos maiores atacantes do futebol mundial em todos os tempos.

Depois de Portugal, Ricardo Gomes seguiu para a França, negociado em 1991. Foi defender o Paris Saint-Germain,

1994 • Pragmatismo conquista o tetra 175

Parreira e Ricardo Gomes no anúncio do corte: contusões tiraram o zagueiro de dois Mundiais.

clube pelo qual ganhou o Campeonato Francês 1993/94 e a Copa da França (1993). Em 1995 voltou ao Benfica para uma temporada (em que ganhou a Taça de Portugal) e depois mais um ano na equipe parisiense (com a conquista de mais uma Copa da França).

Ao pendurar as chuteiras, iniciou a carreira de técnico no próprio Paris Saint-Germain e ficou ali entre 1996 e 1998. Em 1999 voltou para o Brasil e passou por diversas equipes: Sport, Vitória (campeão do Campeonato do Nordeste de 1999), Guarani, Coritiba, Juventude, Flamengo e Fluminense, além da seleção olímpica (entre 2002 e 2004). De volta para a França, dirigiu Bordeaux (foi vice-campeão francês em 2006) e Mônaco. Em junho de 2009 assumiu a direção técnica do São Paulo.

QUEM ESTAVA LÁ

TAFFAREL (GOLEIRO)
Cláudio André Taffarel nasceu em Santa Rosa (RS), em 08/05/1966. Clubes em que jogou: Internacional (RS) de 1985 a 1990; Parma (Itália) de 1990 a 1993 e em 2002; Reggiana (Itália) de 1993 a 1994; Atlético (MG) de 1995 a 1998; Galatasaray (Turquia) de 1998 a 2001. Além de defender o gol do time principal do Brasil em 108 oportunidades, atuou também em 15 jogos pela seleção olímpica. Em Copas do Mundo foram 18 partidas, sendo sete delas nos EUA.

JORGINHO (LATERAL-DIREITO)
Jorge Amorim de Oliveira Campos nasceu no Rio de Janeiro (RJ) em 17/08/1964. Clubes em que jogou: América (RJ) de 1978 a 1983; Flamengo (RJ) de 1984 a 1989; Bayer Leverkusen (Alemanha) de 1989 a 1992; Bayern de Munique (Alemanha) de 1993 a 1995; Kashima Antlers (Japão) de 1995 a 1998; São Paulo (SP) em 1999; Vasco (RJ) de 2000 a 2002; Fluminense (RJ) em 2002. Foram 68 jogos pela seleção brasileira principal e mais 21 pela equipe olímpica. Em Copas do Mundo atuou 11 vezes, sete em 1994.

RICARDO ROCHA (ZAGUEIRO)
Ricardo Roberto Barreto da Rocha nasceu em Recife (PE), em 11/09/1962. Clubes em que jogou: Santo Amaro (PE) em 1982; Santa Cruz (PE) de 1983 a 1984; Guarani (SP) de 1985 a 1988; Sporting (Portugal) em 1988; São Paulo (SP) de 1989 a 1991; Real Madrid (Espanha) de 1991 a 1993; Santos (SP) em 1993; Vasco (RJ) de 1994 a 1995; Olaria (RJ) em 1996; Fluminense (RJ) em 1996; Newell's Old Boys (Argentina) de 1997 a 1998; Flamengo (RJ) de 1998 a 1999. Foram 43 jogos pela seleção brasileira principal, 13 pela equipe olímpica e esteve em campo em três partidas de Copas do Mundo, uma em 1994.

Ronaldão (zagueiro)

Ronaldo Rodrigues de Jesus nasceu em São Paulo (SP), em 19/09/1965. Clubes em que jogou: São Paulo (SP) de 1986 a 1994; Shimizu S-Pulse (Japão) de 1994 a 1995; Flamengo (RJ) de 1995 a 1997; Santos (SP) de 1997 a 1998; Coritiba (PR) em 1998; Ponte Preta (SP) de 1998 a 2002. Fez 14 jogos pela seleção brasileira, mas não chegou a atuar na Copa do Mundo de 1994.

Mauro Silva (meio-campo)

Mauro da Silva nasceu em São Bernardo do Campo (SP), em 12/01/1968. Clubes em que jogou: Guarani (SP) de 1988 a 1990; Bragantino (SP) de 1990 a 1992; Deportivo La Coruña (Espanha) de 1993 a 2005. Disputou 60 partidas pela seleção brasileira, sete delas pela Copa do Mundo dos EUA.

Branco (lateral-esquerdo)

Cláudio Ibraim Vaz Leal nasceu em Bagé (RS), em 04/04/1964. Clubes em que jogou: Guarany Bagé (RS) de 1981 a 1982; Fluminense (RJ) de 1982 a 1986, em 1994 e em 1998; Brescia (Itália) de 1986 a 1988; Porto (Portugal) de 1989 a 1990; Genoa (Itália) de 1991 a 1993; Grêmio (RS) em 1993; Corinthians (SP) em 1994; Flamengo (RJ) em 1995; Internacional (RS) em 1995; Mogi Mirim (SP) em 1997; Middlesbrough (Inglaterra) de 1996 a 1997; New York Metrostars (EUA) em 1998. Jogou 78 vezes pela seleção brasileira e disputou 12 jogos de Copa do Mundo, sendo três nos EUA.

Bebeto (atacante)

José Roberto Gama de Oliveira nasceu em Salvador (BA), em 16/02/1964. Clubes em que jogou: Vitória (BA) de 1983 a 1984 e em 1997; Flamengo (RJ) de 1983 a 1989 e em 1996; Vasco (RJ) de 1989 a 1992, em 2001 e em 2002; La Coruña (Espanha) de 1992 a 1995; Sevilla (Espanha) em 1997; Cruzeiro (MG) em 1997; Botafogo (RJ) de 1998 a 1999; Toros Neza (México) em 1999; Kashima Antlers (Japão) em 2000; Al Ittihad (Arábia Saudita) em 2002. Foram 81 jogos com a ca-

1994 • Pragmatismo conquista o tetra **179**

Agência O Globo

Time campeão nos EUA: equipe pragmática e organizada acabou com tabu de mais de 20 anos.

misa da seleção principal, além de 30 pela equipe olímpica. Jogou 15 partidas em Copas do Mundo, sete em 1994.

Dunga (meio-campo)

Carlos Caetano Bledorn Verri nasceu em Ijuí (RS), em 31/10/1963. Clubes em que jogou: Internacional (RS) de 1983 a 1984 e em 1999; Corinthians (SP) de 1984 a 1985; Santos (SP) em 1986; Vasco (RJ) em 1987; Pisa (Itália) de 1987 a 1988; Fiorentina (Itália) de 1988 a 1992; Pescara (Itália) de 1992 a 1993; Stuttgart (Alemanha) de 1993 a 1995; Jubilo Iwata (Japão) de 1995 a 1998. Disputou 96 partidas com a camisa da seleção principal e mais 20 pela equipe olímpica. Capitão da seleção de 1994, atuou em todos os sete jogos.

Zinho (meio-campo)

Crizan César de Oliveira Filho nasceu em Nova Iguaçu (RJ), em 17/06/1967. Clubes em que jogou: Flamengo (RJ) de 1986 a 1992 e em 2004; Palmeiras (SP) de 1992 a 1994, de 1997 a 1999 e de 2002 a 2003; Yokohama Flugels (Japão) de 1995 a 1997; Grêmio (RS) de 2000 a 2002; Cruzeiro (MG) em, 2003; Nova Iguaçu (RJ) em 2005; Miami (EUA) em 2006. Foram 57 jogos pela seleção brasileira, sendo sete deles na Copa do Mundo dos EUA.

Raí (meia-atacante)

Raí Souza Vieira de Oliveira nasceu em Ribeirão Preto (SP), em 15/05/1965. Clubes em que jogou: Botafogo (SP) de 1984 a 1986; Ponte Preta (SP) em 1987; São Paulo (SP) de 1987 a 1993 e de 1998 a 2000; Paris Saint-Germain (França) de 1993 a 1998. Fez 51 jogos pela seleção brasileira, cinco deles na Copa dos EUA.

Romário (atacante)

Romário de Souza Faria nasceu no Rio de Janeiro (RJ), em 29/01/1966. Clubes em que jogou: Vasco (RJ) de 1985 a 1988, de 1999 a 2002 e de 2007 a 2008; PSV Eindhoven (Holanda) de 1988 a 1993; Barcelona (Espanha) de 1993 a

Dunga ergue a taça em 1994: volta por cima depois do fracasso na Copa da Itália em 1990.

1994; Flamengo de 1995 a 1996 e de 1998 a 1999; Valencia (Espanha) de 1996 a 1997; Fluminense (RJ) de 2002 a 2003 e de 2003 a 2004; Al Saad (Catar) em 2003; Miami (EUA) em 2006; Adelaide United (Austrália) em 2006. Jogou 74 vezes pela seleção brasileira principal e mais 11 pela equipe olímpica. Em Copas do Mundo foram oito partidas, sete delas nos EUA.

ZETTI (GOLEIRO)

Armelino Donizetti Quagliatto nasceu em Capivari (SP), em 10/01/1965. Clubes em que jogou: Toledo (PR) em 1983; Palmeiras (SP) em 1984 e de 1987 a 1989; Londrina (PR) em 1985; Guarani (SP) em 1986; São Paulo (SP) de 1990 a 1996; Santos (SP) de 1996 a 1999; Fluminense (RJ) em 2000; União Barbarense (SP) em 2001; Sport (PE) em 2001. Foi o goleiro da seleção brasileira em 17 jogos, mas não chegou a atuar na Copa de 1994.

ALDAIR (ZAGUEIRO)

Aldair Nascimento dos Santos nasceu em Ilhéus (BA), em 30/11/1965. Clubes em que jogou: Flamengo (RJ) de 1985 a 1989; Benfica (Portugal) de 1989 a 1990; Roma (Itália) de 1990 a 2004. Disputou 87 jogos pela seleção brasileira principal, oito pela equipe olímpica. Em Copas do Mundo foram 13 partidas, sete nos EUA.

CAFU (LATERAL-DIREITO)

Marcos Evangelista de Moraes nasceu em São Paulo (SP), em 07/06/1970. Clubes em que jogou: São Paulo (SP) de 1989 a 1994; Zaragoza (Espanha) em 1995; Juventude (RS) em 1995; Palmeiras (SP) de 1995 a 1997; Roma (Itália) de 1997 a 2003; Milan (Itália) de 2003 a 2008. Recordista de atuações com a camisa da seleção brasileira, foram 150 partidas. Ninguém jogou mais em Copas do Mundo do que ele, foram 20 jogos, sendo o único jogador da história presente em três finais de Mundial (1994, 1998 e 2002). Nos EUA atuou duas vezes.

MÁRCIO SANTOS (ZAGUEIRO)

Márcio Roberto dos Santos nasceu em São Paulo (SP), em 15/09/1969. Clubes em que jogou: Novorizontino (SP) de 1987 a 1990; Internacional (RS) de 1990 a 1991; Botafogo (RJ) em 1992; Girondins de Bordeaux (França) de 1992 a 1994; Fiorentina (Itália) de 1994 a 1995; Ajax (Holanda) de 1995 a 1997; Atlético (MG) em 1997; São Paulo (SP) de 1997 a 1999; Santos (SP) em 2000; Jinan (China) em 2001; Gama (DF) em 2001; Shandong Luneng Tais (China) em 2001; Etti-Jundiaí (SP) em 2002; Joinville (SC) em 2003; Portuguesa Santista (SP) em 2004. Vestiu a camisa da seleção brasileira em 47 oportunidades, sendo sete delas na Copa do Mundo dos EUA. Não atuou em outras copas.

LEONARDO (LATERAL-ESQUERDO)

Leonardo Nascimento de Araújo nasceu em Niterói (RJ), em 05/09/1969. Clubes em que jogou: Flamengo (RJ) de 1987 a 1990 e em 2002; São Paulo (SP) de 1990 a 1991, de 1993 a 1994 e em 2001; Valencia (Espanha) de 1991 a 1992; Kashima Antlers (Japão) de 1994 a 1996; Paris Saint-Germain (França) de 1996 a 1997; Milan (Itália) de 1997 a 2001. Disputou 60 jogos pela seleção brasileira, sendo 11 em Copas do Mundo. Nos EUA foram quatro.

MAZINHO (MEIO-CAMPO)

Iomar do Nascimento nasceu em Santa Rita (PB), em 08/04/1966. Clubes em que jogou: Vasco (RJ) de 1983 a 1990; Lecce (Itália) de 1990 a 1991; Fiorentina (Itália) de 1991 a 1992; Palmeiras (SP) de 1992 a 1994; Valencia (Espanha) de 1994 a 1996; Celta (Espanha) de 1996 a 1999; Elche (Espanha) de 1999 a 2000; Vitória (BA) em 2001. Foram 39 jogos pela seleção brasileira, seis deles na Copa do Mundo dos EUA.

PAULO SÉRGIO (ATACANTE)

Paulo Sérgio Silvestre Nascimento nasceu em São Paulo (SP), em 02/07/1969. Clubes em que jogou: Novorizontino

(SP) de 1989 a 1990; Corinthians (SP) de 1990 a 1993; Bayer Leverkusen (Alemanha) de 1993 a 1997; Roma (Itália) de 1997 a 1999; Bayern de Munique (Alemanha) de 1999 a 2002; Al Whada (Arábia Saudita) de 2002 a 2003 e em 2004; Bahia (BA) em 2004. Jogou 13 partidas pela seleção brasileira, duas delas na Copa do Mundo dos EUA.

MÜLLER (ATACANTE)

Luiz Antônio Correia da Costa nasceu em Campo Grande (MS), em 31/01/1966. Clubes em que jogou: Operário (MS) em 1983; São Paulo de 1983 a 1987, de 1991 a 1994 e em 1996; Torino (Itália) de 1988 a 1991; Kashiwa Reysol (Japão) em 1995; Palmeiras (SP) de 1995 a 1996; Perugia (Itália) em 1997; Santos (SP) de 1997 a 1998; Cruzeiro (MG) de 1998 a 2000; Corinthians (SP) em 2001; São Caetano (SP) de 2001 a 2002; Tupi (MG) em 2003; Portuguesa de Desportos (SP) em 2003; Ipatinga (MG) em 2004. Atuou 59 vezes com a camisa da seleção brasileira, dez em Copas do Mundo. Nos EUA participou de um jogo.

RONALDO (ATACANTE)

Ronaldo Luís Nazário de Lima nasceu no Rio de Janeiro (RJ), em 22/09/1976. Clubes em que jogou: Cruzeiro (MG) de 1993 a 1994; PSV Eindhoven (Holanda) de 1994 a 1996; Barcelona (Espanha) de 1996 a 1997; Internazionale (Itália) de 1997 a 2002; Real Madrid (Espanha) de 2002 a 2007; Milan (Itália) de 2007 a 2008; Corinthians (SP) desde 2009. Jogou 104 vezes pela equipe principal do Brasil, além de outras oito pelo time olímpico. Foram 19 jogos em Copas do Mundo, mas nenhum deles nos EUA.

VIOLA (ATACANTE)

Paulo Sérgio Rosa nasceu em São Paulo (SP), em 01/01/1969. Clubes em que jogou: Corinthians (SP) de 1988 a 1989 e de 1992 a 1995; São José (SP) em 1990; Olímpia (SP) em 1991; Valencia (Espanha) de 1995 a 1996; Palmeiras (SP) de 1996 a 1997; Santos (SP) de 1998 a 1999 e de 2001 a 2002; Vasco (RJ) de 1999 a 2000; Gaziantepspor (Turquia) de 2003 a 2004; Guarani (SP) em 2004; Bahia (BA) em 2005; Juventus (SP) em 2006; Uberlândia (MG) em 2007; Duque de Caxias (RJ) em 2008; Angra dos Reis (RJ) em 2008; Resende (RJ) em 2009. Fez apenas dez partidas pela seleção brasileira e atuou em um jogo nos EUA.

GILMAR (GOLEIRO)

Gilmar Luiz Rinaldi nasceu em Erexim (RS), em 13/01/1959. Clubes em que jogou: Internacional (RS) de 1978 a 1985; São Paulo (SP) de 1985 a 1991; Flamengo (RJ) de 1991 a 1994; Cerezo Osaka (Japão) de 1995 a 1999. Foram nove jogos pela seleção principal e mais seis pela equipe olímpica. Não atuou nos EUA.

TÉCNICO CARLOS ALBERTO PARREIRA

Carlos Alberto Gomes Parreira nasceu em 27 de fevereiro de 1943, no Rio de Janeiro (RJ). Começou a sua carreira como preparador físico no São Cristóvão, em 1966. Nos dois anos seguintes dirigiu a seleção de Gana, na África, num programa de intercâmbio do governo brasileiro para desenvolver o futebol naquele continente. Seu primeiro contato com a seleção brasileira foi integrar a comissão técnica da seleção que seria campeã no México, em 1970 – era auxiliar de preparação física. Efetivou-se como técnico em 1975, quando dirigiu pela primeira vez o seu time do coração, o Fluminense, permanecendo ali até 1978. Nos quatro anos seguintes dirigiu a seleção do Kwait, que conseguiu levar à Copa da Espanha. Em 1983 e 1984 teve rápidas passagens pela seleção brasileira, como técnico. Seu primeiro título de expressão como técnico é pelo Fluminense, para onde voltou em 1984 para ganhar o Campeonato Brasileiro. Entre 1985 e 1990, trabalhou no mundo árabe, dirigindo Emirados Árabes Unidos e Arábia Saudita – com esta última seleção foi à Copa da Itália. Em 1991, conseguiu levar o Bragantino à final do Campeonato Brasileiro, mas perdeu a decisão para o São Paulo. Em outubro de 1991, assumiu a seleção brasileira e comandou o projeto que terminaria com o título nos Estados Unidos. A partir daí, dirigiu muitos clubes e seleções: Valencia (1994/95), Fenerbahçe (1995/96 e 1996/97), São Paulo (1996), New York Metrostars (1997), Arábia Saudita (1998), Fluminense (1999 - conseguiu o título do Brasileiro da Série C), Atlético (MG) (2000), Santos (2000), Fluminense (2000), Internacional (2001), Corinthians (2002 - ganhou o Torneio Rio-SP, a Copa do Brasil e foi vice do Brasileiro). O trabalho bem-sucedido no clube paulista levou Parreira de volta à seleção brasileira em 2003. Ganhou a Copa América de 2004, a Copa das Confederações de 2005, mas fracassou na Copa da Alemanha, em 2006. Em 2006 iniciou o projeto de formação da seleção da África do Sul para a Copa do Mundo de 2010, mas com problemas particulares desistiu da empreitada em meados de 2008. No primeiro semestre de 2009, mais uma vez, trabalhou como técnico do Fluminense, mas saiu depois de uma sequência de maus resultados. No final de 2009, reassumiu o comando da seleção da África do Sul, para dirigi-la na Copa de 2010.

2002
JAPÃO/ COREIA DO SUL

Quando o caos levanta a taça

Um projeto vencedor de Copa do Mundo deve necessariamente passar por um bom planejamento, trabalho de longo prazo e organização, certo? Nem sempre. Ganhar a Copa de 2002 significou ignorar o manual com receitas de sucesso – embora elas não existam quando o assunto é futebol. Aquela seleção brasileira enfrentou a fase eliminatória mais sofrida da história, foi um dos grupos mais criticados, teve quatro técnicos em pouco mais de três anos, enfrentou muita pressão e atingiu o sucesso.

– Por incrível que pareça, toda seleção que é massacrada pela crítica e vai à Copa desacreditada, acaba fazendo uma boa competição. Só depois da segunda ou terceira partida do Mundial é que as pessoas começaram a acreditar no título – lembra Cafu, capitão do pentacampeonato.

Quando Luiz Felipe Scolari assumiu o comando do grupo, menos de um ano antes do torneio que seria compartilhado por Japão e Coreia do Sul, o ambiente era de pressão e havia uma séria ameaça de, pela primeira vez, o Brasil não mandar representação para o maior evento do futebol.

– A pressão era total, a seleção estava indo muito mal nas eliminatórias. E ninguém quer ficar marcado por fazer parte do primeiro grupo a não conseguir a vaga para uma Copa. E o torcedor não quer saber se você estava lá desde o começo ou se chegou para as últimas partidas – diz Marcos, goleiro que virou titular com Scolari.

No entanto, a chegada do treinador gaúcho, com suas polêmicas e apostas, será contada um pouco mais à frente. É preciso passar, antes, por outros três técnicos, muitos jogadores e mudanças de rumo.

A seleção nacional havia chegado às duas finais anteriores, conquistando o título em 1994 e perdendo em 1998. O fracasso na França encerrou o ciclo de Mário Jorge Lobo Zagallo como técnico da equipe, e para o seu lugar foi chamado Wanderley Luxemburgo, na época em alta pelos títulos brasileiros conquistados na década de 1990 com Palmeiras e Corinthians.

No primeiro jogo sob o seu comando, o Brasil empatou com a Iugoslávia (1 a 1), em 23 de setembro de 1998, em São Luís, Maranhão. Da equipe que havia disputado a final da Copa da França, pouco mais de dois meses antes, apenas Cafu e Rivaldo estavam em campo. Muitos jogadores passaram a ser testados, com o objetivo de promover uma renovação do grupo e formar a seleção que disputaria a Copa de 2002. Vampeta, Marcos Assunção, Alex (ex-Palmeiras e Cruzeiro) e Marcelinho (ex-Flamengo e Corinthians). Rogério Ceni, Zé Roberto, Juninho Pernambucano, Antônio Carlos, Cléber foram outros atletas que apareceram nas convocações seguintes, ainda para partidas amistosas. No final de abril de 1999, contra o Barcelona, na Espanha, começaram a voltar nomes de Copas passadas como Ronaldo, Romário, Roberto Carlos e Émerson. A seleção só empatou em 2 a 2 contra a equipe catalã, que tinha Frank de Boer, Kluivert, Figo, Guardiola, Luis Enrique e o brasileiro "Sony" Anderson. Em junho, pouco antes da Copa América, em partida contra a Letônia, em Curitiba (Brasil 3 a 0), Ronaldinho Gaúcho vestiu a camisa amarela pela primeira vez e passaria a ser presença obrigatória nas convocações seguintes.

Em julho de 1999, no Paraguai, a seleção brasileira conquistou a Copa América ganhando todas as partidas e utilizando na final contra o Uruguai (vitória de 3 a 0) muitos dos atletas que estariam na Copa do Mundo da Ásia (Émerson, Ronaldo, Rivaldo, Vampeta, Ronaldinho Gaúcho, Cafu, Roberto Carlos...). Logo depois, em agosto, na Copa das Confederações disputada no México, o Brasil chegou à final, mas perdeu para a seleção anfitriã por 4 a 3 – sem muitos dos principais atletas, dispensados por diversas razões. Cafu, Roberto Carlos, Ronaldo e Rivaldo, por exemplo, tinham problemas físicos e necessidade de férias.

Poucos meses depois, em novembro de 1999, Ronaldo sofreu uma contusão no joelho, foi submetido a cirurgia e só pôde atuar cinco meses depois, em abril de 2000. Mas logo no primeiro jogo, o problema tornou-se mais grave: o que era um rompimento parcial do tendão patelar, na primeira cirurgia, passou a rompimento total. Ronaldo teve de se submeter a uma intervenção bem mais complicada e ficou mais de um ano longe do futebol. Havia dúvidas, inclusive, se poderia voltar a jogar.

No primeiro semestre de 2000, começaram as eliminatórias para a Copa do Mundo: 0 a 0 com a Colômbia, em Bogotá; 3 a 2 no Equador, no Morumbi; e 1 a 0 sobre o Peru, em Lima. Os resultados estavam dentro da normalidade, embora o futebol estivesse longe de encantar. Mas aí começaram os problemas: empate de 1 a 1 com o Uruguai, em pleno Maracanã, e derrota para o Paraguai (2 a 1) em Assunção. Uma vitória de 3 a 1 sobre a Argentina deu alento a Luxemburgo, mas logo depois outra derrota, 3 a 0 para o Chile, em Santiago, agravou a crise que se esboçava. Pouco depois de golear a Bolívia (5 a 0) no Maracanã, Luxemburgo foi demitido porque tinha mais problemas fora de campo do que dentro dele. O fracasso na campanha da Olimpíada de Sydney, Austrália, serviu de argumento para a demissão, mas a causa principal foi o volume de confusões envolvendo o técnico, culminando com uma participação constrangedora em uma Comissão Parlamentar de Inquérito, no Congresso Nacional.

Dança dos técnicos

– As eliminatórias foram muito complicadas por causa da troca de treinadores. Cada um tem uma filosofia, uma vez por ano você tem que se adaptar, chegam novos jogadores, não tem sequência de trabalho, padrão. Para você criticar um treinador, é preciso dar tempo para ele trabalhar. Por essa razão, tivemos muita dificuldade para formar aquela seleção – opina Cafu, que se preparava para disputar a sua terceira Copa do Mundo e viu assumir Candinho, enquanto a CBF buscava um substituto que se pretendia definitivo.

Wanderley Luxemburgo foi o técnico da seleção por dois anos e participou de 35 jogos. Candinho, seu assistente, dirigiu a equipe em apenas uma partida das eliminatórias: 6 a 0 sobre a Venezuela, em Maracaibo. Praticamente um mês depois, na vitória de 1 a 0 contra a Colômbia, no Morumbi, Émerson Leão já estava no banco de reservas – e acompanhou o time ser vaiado pela exigente torcida paulista. Ele permaneceria como técnico por sete meses, trabalhando em apenas 11 partidas e levando para o grupo jogadores como Leomar, Mineiro, Ewerthon (ex-Corinthians), Magno Alves, Washington. Nas eliminatórias perdeu para o Equador (1 a 0), em Quito, e empatou no Morumbi com o Peru (1 a 1). Mas o terceiro técnico naquele ciclo não resistiu à Copa das Confederações, competição disputada no Japão e na Coreia do Sul, para a qual teve que convocar jogadores do terceiro escalão, orientado pela CBF. Só conseguiu uma vitória, contra Camarões, e empatou com Canadá e Japão (0 a 0 em ambos), na primeira fase. Na semifinal, derrota para a França (2 a 1) e na decisão do terceiro lugar nova derrota, desta vez para a quase amadora Austrália (1 a 0). Leão foi demitido no aeroporto de Narita, ainda no Japão, antes do retorno ao Brasil, pelo supervisor Antônio Lopes.

Dono de um currículo invejável, com conquistas de Copa do Brasil, Brasileiro e Libertadores, Luiz Felipe Scolari foi o técnico escolhido pela CBF para a complicada missão de reconquistar o prestígio da seleção com a torcida, classificar a equipe para o Mundial e tentar o pentacampeonato.

– Graças ao jeito de ser dele, as pessoas foram se aproximando, ficando ao lado dele, os mais experientes foram ajudando, dando algumas dicas, ele dava liberdade para isso – conta Cafu.

O goleiro Marcos, que havia sido convocado pela primeira vez por Zagallo em 1996, ficou na reserva na Copa América de 1999 e chegou a jogar um amistoso contra a Espanha, com Wanderley Luxemburgo. Mas foi com Scolari, com quem havia ganhado pelo Palmeiras a Copa do Brasil de 1998 e a Libertadores de 1999, que o goleiro ganhou espaço e passou a titular. "Eu sabia que ele ia me chamar, porque nos conhecíamos do Palmeiras. Mas aquele não era o melhor momento para estrear na seleção", lembra. Segundo ele, a preocupação inicial de Felipão foi dar preferência a muitos jogadores que atuavam no Brasil, principalmente do Corinthians e Palmeiras, rivais que possuíam atletas que ele conhecia bem. "As primeiras convocações foram bem caseiras, para conseguir entrosar o time o mais rápido possível", destaca o goleiro. Faltavam exatos 11 meses para o início do Mundial da Ásia e ainda havia jogos complicados pela frente nas eliminatórias (como visitante contra Uruguai e Argentina, por exemplo).

Na sua primeira partida, derrota pelas eliminatórias para o Uruguai, em Montevidéu, 1 a 0. E uma mudança importante no jeito de a seleção atuar dali para frente: três zagueiros. Além da segurança na marcação e no sistema defensivo, Scolari tinha outro comportamento em relação aos adversários, como explica Marcos:

– Ele sempre organiza o time de acordo com o adversário. Como a seleção brasileira tem mais qualidade que as outras, mas taticamente não consegue ser tão eficiente quanto as europeias, por exemplo, ele primeiro procura anular os dois ou três jogadores da outra equipe, os pontos fortes, para depois deixar o nosso time jogar. Nisso ele é diferente da maioria dos técnicos, ele escala de acordo com o adversário. E numa Copa do Mundo isso é até mais fácil de fazer, porque os atletas são mais conhecidos.

Logo depois da derrota para o Uruguai, o Brasil teve pela frente mais uma edição da Copa América, disputada na Colômbia. Um bom período para manter o grupo reunido, treinar muito e ainda usar os jogos para acertar a equipe. Isso se não houvesse tantas baixas. Cafu, Roberto Carlos e Rivaldo pediram dispensa, o primeiro porque não tinha férias havia alguns anos, os outros dois com problemas físicos. Ronaldo continuava afastado por causa das cirurgias no joelho. Na hora do embarque, Mauro Silva também desistiu, com medo do tumultuado momento político da Colômbia. E Romário alegou que teria de fazer uma cirurgia no olho e também não seguiu – o que custou a sua ida ao Mundial, como se verá mais à frente. Com tudo isso, os resultados foram de novo muito ruins. Derrota para o México na estreia por 1 a 0, vitórias sobre Peru (2 a 0) e Paraguai (3 a 1) para, na sequência, a seleção ser batida de maneira inacreditável por Honduras por 2 a 0, na semifinal.

Romário, a polêmica

Scolari foi colocando outros nomes nas convocações tais como Belletti, Marcelinho Paraíba, Eduardo Costa, Júnior, Cris... De volta às eliminatórias, o Brasil derrotou o Paraguai (2 a 0), em Porto Alegre, e perdeu para a Argentina, em Buenos Aires (2 a 1). O sobe e desce continuava sem que o time apresentasse sinais de que conseguiria, em algum momento, deslanchar em direção à classificação. Restavam mais três jogos e a situação na tabela ainda era muito delicada, levando a muitas críticas da imprensa e muita pressão da torcida.

Sem Ronaldo, Luiz Felipe Scolari utilizou Luisão, Edílson, Rivaldo e foi assim que a seleção derrotou o Chile (2 a 0), em Curitiba, mas voltou a perder, desta vez em La Paz, para a Bolívia (3 a 1). A decisão mesmo ficou para a última partida, contra a Venezuela. A equipe nacional conseguiu a vaga com um 3 a 1, em São Luiz, no Maranhão. Com o rendimento sofrível do time, uma onda pró-Romário formou-se pelo país inteiro. Apesar de no final de 2001 já estar com 35 anos de idade, ele ainda continuava sendo um dos principais atacantes em atividade no futebol brasileiro: em 2000 foi artilheiro do Campeonato Carioca (19 gols), do Torneio Rio-São Paulo (12 gols), da Copa Mercosul (11 gols) e da Copa João Havelange (20 gols) – o Campeonato Brasileiro daquele ano, que o Vasco conquistou. Em 2001, mais uma vez foi o artilheiro do Brasileiro, com 22 gols.

Porém o técnico já havia tomado a sua decisão, que só seria anunciada na convocação final, em maio de 2002: Romário não iria à Copa do Mundo.

> – Eu até entendo. A cota que pagaram ao Vasco, sem o Romário, estaria pela metade. Mas era a hora de tomar uma posição em favor da seleção brasileira, fazer uma escolha entre clube e seleção. Eu disse na ocasião e não preciso mudar uma vírgula: "Quem estiver satisfeito, segue conosco, quem não estiver pega o barco ao lado e segue para outro mar" – declarou Luiz Felipe, quase um ano depois da conquista do título, em entrevista ao jornalista Ruy Carlos Ostermann publicada no livro *Felipão – a alma do penta*.

Segundo o treinador, o atacante disse que precisava se ausentar da Copa América para operar o olho, mas preferiu jogar um amistoso com o Vasco e, depois, passar férias no Havaí. Felipão não perdoou. Romário, em entrevista ao programa *Bola da vez* da ESPN-Brasil, deu outra versão: "Nunca disse que iria fazer uma cirurgia. Falei que queria descansar, me recondicionar", declarou. Na mesma entrevista, que foi ao ar antes da Copa, Romário não perdeu a confiança: "Se depender de mim, eu vou à Copa. Se for pra levar o melhor...". Em abril de 2002, pouco tempo antes da última convocação, Romário concedeu uma entrevista coletiva ao lado do então presidente do Vasco, Eurico Miranda, na qual pediu desculpas, chegou a chorar e reivindicou uma nova oportunidade. Antônio Lopes, que lançou o garoto Romário nos profissionais do Vasco, muitos anos antes, era o supervisor da seleção e defendeu a convocação. Mas a presença de Eurico Miranda na coletiva, tecendo críticas a Scolari, facilitou a decisão.

– Ele tinha sido chamado em outras oportunidades – lembra Marcos. Acho que foi uma coisa pessoal do Felipão, com o time não tinha o menor problema. Talvez ele tivesse medo de o Romário pedir algum privilégio, ou de não admitir um "não". Os outros jogadores mais conhecidos, Ronaldo, Rivaldo, Ronaldinho aceitavam as coisas mais facilmente. Tinha lugar em que a gente ia treinar e havia 30 mil pessoas no estádio, todo mundo pedindo pelo Romário.

– O Luiz Felipe preferiu dar força aos jogadores que já estavam lá, deu confiança para todo mundo. Era muito fácil chamar o Romário, o Brasil inteiro estava pedindo. Esse episódio serviu para o técnico ganhar mais respaldo do grupo – diz Cafu.

Foi assim até maio de 2002, quando Luiz Felipe esteve na sede da CBF no Rio de Janeiro para anunciar a lista dos convocados para o Mundial: chegou a ser cercado na rua por um grupo de manifestantes que pressionaram, gritaram por Romário e até ameaçaram a integridade do treinador, mas ele manteve-se irredutível e não convocou o atacante campeão do mundo em 1994.

Aposta em Ronaldo

Entre o final de 2001, com a classificação para a Copa, e o começo de 2002, quando o grupo foi sendo definido, Ronaldo e Rivaldo não estavam confirmados: o primeiro ia se recuperando das duas cirurgias, mas pouco era escalado no clube, o Internazionale de Milão. O segundo, no Barcelona, tivera uma temporada muito irregular, com seguidas contusões, sem poder atuar no jogo decisivo da seleção contra a Venezuela, nem nos primeiros amistosos de 2002.

No quarto jogo preparatório para a Copa do Mundo, em 27 de março de 2002, Ronaldo reapareceu na seleção, em Fortaleza: 1 a 0 sobre a Iugoslávia, gol de Luisão. "Eu consegui fazer alguns jogos antes da Copa, tinha voltado a jogar no Inter. O Felipão acreditou em mim por causa disso. A medicina não é uma ciência exata e o corpo do atleta também não. Ninguém tinha certeza do que ia acontecer, mas confiávamos que ia dar certo", conta Ronaldo.

A decisão sobre a convocação do atacante para o Mundial também foi tomada bem antes de maio, quando saiu a lista final. No começo de fevereiro, de acordo com relato de Ruy Carlos Ostermann, houve uma reunião numa clínica de fisioterapia do Rio de Janeiro com Ronaldo diante dos médicos da seleção brasileira. O atleta foi sabatinado sobre objetivos, condições de jogo, tudo. Todos os exames foram analisados minuciosamente e a conclusão: clinicamente, ele estava curado. "A partir daquele encontro, confiamos na recuperação", disse o médico José Carlos Runco. O grande debate naqueles primeiros meses do ano era em torno da falta de jogo de Ronaldo, que não era escalado com frequência pelo argentino Héctor Cuper, técnico da equipe italiana.

Cafu recorda que os jogadores acompanhavam as dúvidas em torno da recuperação de Ronaldo com muita expectativa. "Ele mesmo não tinha certeza de nada. Mas logo nos primeiros treinos demonstrou que estava preparado para jogar uma Copa do Mundo." Marcos diz que o atacante "chegou motivado, fininho, treinando muito" e com a vontade de provar para ele mesmo ser possível ganhar uma Copa como protagonista, depois dos problemas de saúde que quase o tiraram da final de 1998. O goleiro acrescenta: "Foi uma aposta do Felipão. Ele sempre foi assim, não aceita conselhos, porque depois ele assume as críticas sozinho. Ninguém questionou, todo mundo acreditou e torceu".

Situação semelhante à de Rivaldo, também contundido no final de 2001, embora sem a mesma gravidade de Ronaldo. Ele só voltou a jogar pela seleção em 17 de abril, num empate de 1 a 1 com Portugal, em Lisboa. Depois foram mais dois jogos-treinos contra Catalunha e Malásia, em maio, antes da estreia contra a Turquia. O time que Felipão definira para o primeiro jogo era: Marcos, Lúcio, Edmilson e Roque Júnior; Cafu, Émerson, Kléberson, Ronaldinho Gaúcho e Roberto Carlos; Rivaldo e Ronaldo. Foi esse o time que enfrentou a Malásia, na última escala antes da chegada a Ulsan, na Coreia do Sul.

Outra vez o imponderável, no entanto, mudou a escalação e o capitão que ergueria a taça, como já houvera acontecido em 1994. Num treino na véspera do jogo inaugural, Émerson treinou como goleiro. Luiz Felipe Scolari preparava jogadores de linha que eventualmente poderiam ir para o gol, caso o goleiro se machucasse ou fosse expulso e as três substituições já tivessem sido feitas. Belletti já havia sido testado e era uma das possibilidades. Naquele dia, ao tentar defender um chute, Émerson teve uma luxação de clavícula e teve de ser cortado. A faixa de capitão passou para o braço de Cafu.

– O Felipão me chamou no quarto com o Émerson e contou que ele seria cortado. Eu já tinha sido capitão antes, mas como ele já havia trabalhado com o Émerson, preferiu colocá-lo na função – relembra Cafu. Quando ele me perguntou se eu estava pronto, eu sabia da responsabilidade e disse que quem tinha tido um filho com 19 anos de idade como eu, tinha de estar preparado para qualquer coisa, inclusive ser capitão da seleção numa Copa do Mundo. "Pode contar comigo, vamos meter o pau e ganhar essa Copa", foi o que eu respondi para ele.

Ronaldo conta que desde o começo dos treinos antes da Copa, a preocupação de Felipão era montar uma base para a seleção. "Ele é um técnico que posiciona muito bem a equipe, tem bastante cuidado com a parte tática. A ideia dele era definir e deixar clara a função de cada um."

No primeiro jogo, em Ulsan, o Brasil enfrentou muitas dificuldades, saiu perdendo, mas conseguiu virar o placar e derrotar a Turquia por 2 a 1 (Hassan para os turcos, Ronaldo e Rivaldo para o Brasil) – graças a um erro de arbitragem, também. Uma falta em Luisão fora da área transformou-se em um pênalti na falha do juiz sul-coreano Joo Young Kim. Ronaldo considera aquela vitória um dos momentos mais importantes da competição. "Ganhar da Turquia na

2002 • Do caos à glória na Ásia 201

Agência O Globo

Rivaldo faz gol contra a Inglaterra: desempenho impecável na conquista do penta.

primeira fase foi muito importante, o time deles era bom e saímos perdendo. Acho que nessa partida mostramos força e aonde poderíamos ir. Virar aquela partida foi inesquecível." Marcos concorda:

– A estreia é pior que a final. Ali é que você sabe como está. Se o primeiro jogo for ruim, parece que o caminho fica muito mais longo – teoriza. Nós fomos melhorando, pegamos só uma seleção grande, a Inglaterra, antes de chegar à final contra a Alemanha. Pegamos Turquia, Bélgica, são jogos em que você sofre muito, porque são seleções que jogam mais fechadinhas, não têm a mesma responsabilidade.

Lembrando Barbosa

Diferentemente de Ronaldo, que estava em sua terceira Copa do Mundo, Marcos era um estreante e, de certa forma, também foi uma aposta de Felipão, com quem tinha trabalhado no Palmeiras. "Eu tinha a concorrência do Rogério Ceni e do Dida, acho até que eles estavam um pouco melhor do que eu", opina. Mas quando entrou no estádio de Ulsan para disputar pela primeira vez um jogo de Copa do Mundo, Marcos não pensava em Ceni ou Dida:

– Eu só pensava no Barbosa – revela, referindo-se ao goleiro da seleção brasileira de 1950, derrotada na final da Copa do Mundo, no Maracanã – se eu errar, vão falar que o Brasil perdeu a Copa do Mundo por culpa minha. Porque na derrota sempre sobra um pouquinho mais para o goleiro, mesmo que ele não tenha falhado.

Barbosa foi acusado, injustamente, de ter falhado nos gols do Uruguai, naquela final de 1950. Ainda no final da vida se queixava, dizendo que a pena máxima do Código Penal brasileiro é de 30 anos, mas ele já carregava aquela acusação havia mais de 50. Marcos não falhou, o Brasil ganhou e seguiu para dois confrontos mais tranquilos, as vitórias de 4 a 0 (gols de Roberto Carlos, Rivaldo, Ronaldinho Gaúcho e Ronaldo) sobre a China e 5 a 2 (Edmilson, Rivaldo, Júnior e Ronaldo, duas vezes, contra Wanchope e Gomez) sobre a Costa Rica, respectivamente em Seogwipo e Suwon, na Coreia. Três vitórias e a classificação para as oitavas de final, contra a Bélgica. A seleção brasileira viajou para Kobe, no Japão, e encarou mais um confronto muito complicado, com direito a reclamação dos belgas a respeito da anulação de um gol que teria sido legítimo. Vitória brasileira por 2 a 0 (Rivaldo e Ronaldo, ambos no segundo tempo) e a equipe credenciada a enfrentar a Inglaterra, nas quartas de final, em Shizuoka, no Japão.

E outra vez o Brasil teve que virar o placar: a Inglaterra saiu na frente com Owen, mas o Brasil empatou com Rivaldo e virou com Ronaldinho Gaúcho, que logo depois seria expulso, obrigando a seleção a atuar com um jogador a menos e suportar a pressão dos ingleses. "Depois daquele jogo, todo mundo passou a acreditar. A maioria já achava que chegaríamos à final. Mas o jogo-chave foi a semifinal com a Turquia", declara Cafu. A equipe nacional jogou em Saitama e, como já havia acontecido na primeira fase, a partida foi das mais complicadas. Vitória de 1 a 0, gol de Ronaldo, e classificação para a final, contra a Alemanha, que na semifinal havia deixado para trás a Coreia do Sul. "Na final eu não queria jogar com a Coreia, nem com Senegal, porque as duas seleções estavam empolgadas, eram franco-atiradores", diz Marcos. O país africano caiu nas quartas de final contra a Turquia.

O goleiro Marcos sentiu um "frio na barriga" quando na preleção para a final o técnico lembrou que "95% dos aparelhos de televisão do mundo" estariam sintonizados naquela partida. "Eu pensei comigo, não fala isso não, ainda mais numa hora dessas." Era a ansiedade pela decisão, porque ele garante que não entrou preocupado contra a Alemanha:

- Nós fomos assistindo aos jogos da Alemanha. Sabíamos que o negócio deles era bola parada e jogada ensaiada. Você sabe que não vai ter ninguém indo para cima no mano a mano, não vai ter ninguém pedalando, fazendo uma jogada diferente. Eu tinha feito uma boa Copa, sem erros, por isso estava tranquilo.

Foi assim que ele fez uma grande defesa quando a partida ainda estava 0 a 0, no primeiro tempo, numa falta cobrada pelo atacante Neuville.

- O Lúcio jogava com ele na Alemanha e sabia como batia na bola. Conversamos sobre isso na concentração. Nós tínhamos estudado muito as bolas paradas. Já estava esperando aquele chute e daquela forma. E quase não cheguei. Imagine se eu não tivesse estudado – brinca o goleiro. E quando você vai bem na primeira bola, ganha confiança. Se falha, os caras perdem o respeito e pressionam a partida inteira.

Ronaldo diz que encarou aquela decisão como mais um jogo, uma partida qualquer, apesar do problema que enfrentou na final de 1998, contra a França, quando todas as expectativas estavam voltadas para ele. "Não sou de ficar nervoso ou preocupado com o jogo que virá. Prefiro pensar que é só mais um." E Cafu, o que sentia? Afinal, estava prestes a disputar a terceira final consecutiva, daquela vez como capitão, e já na condição de recordista de presenças em jogos da seleção brasileira. "Quando eu entrei em campo, eu só conseguia pensar: 'se o Brasil for campeão, eu vou erguer a taça'. Ficava mentalizando o troféu na minha mão."

Ronaldo comemora um dos gols na final: o brasileiro foi o artilheiro e o grande destaque da Copa.

Depois do susto no chute de Neuville, o Brasil dominou o jogo, venceu por 2 a 0, com dois gols de Ronaldo, que terminou a Copa como artilheiro, com oito, e transformou-se no maior artilheiro da história dos mundiais, na copa seguinte, em 2006.

- Muita coisa passa pela cabeça quando se conquista um título do tamanho e da importância de uma Copa do Mundo. A gente tinha chegado muito perto em 1998 e depois de quatro anos conseguimos. É um momento impossível de ser descrito.

Família Scolari

Cafu garante que não tinha ensaiado a maneira como receber a taça das mãos do presidente da FIFA, Josef Blater. Na hora, resolveu subir em uma mesa de vidro, para ficar mais alto, "expor a taça ao máximo". Foi aconselhado por Ricardo Teixeira (presidente da CBF) e Blater a não subir. Mas insistiu, "se aquele negócio quebra, eu ia me cortar todo". Vestiu uma camiseta com os dizeres "100% Jardim Irene", em homenagem ao bairro da periferia de São Paulo onde nasceu. Marcos também parecia viver um sonho.

- A gente nunca imagina onde pode chegar. No final do jogo, eu não conseguia acreditar que era campeão do mundo. Quando o Felipe começou a me convocar, eu já pensava "caramba, eu sou goleiro da seleção brasileira!". Já achava isso uma responsabilidade grande demais, imagina ser goleiro da seleção numa Copa do Mundo e ganhar. Isso é para toda vida, só quatro goleiros brasileiros ganharam e eu sou um deles.

O capitão brasileiro considera que Luiz Felipe Scolari foi uma figura fundamental para que a seleção conseguisse o título. "Ele tem

Cafu ergue a taça em 2002: pentacampeonato e hegemonia no futebol mundial.

carisma, tem um jeito especial de lidar com os atletas, com isso ele acabou induzindo todo mundo a agir como ele queria. Ele fala o que pensa, é sempre muito espontâneo". Marcos acrescenta:

> – Ele separa bem o técnico rígido, que xinga, do companheiro que logo depois desliga, entra na brincadeira, é amigo. No dia do aniversário até "ovada" ele leva. No trabalho, ele exige muito, lembro até que um dia ele me expulsou de um treino de finalização. Os atacantes entravam tocando e eu tinha que pular para todo lado para tentar defender. Toda hora entrando de cara comigo Ronaldo, Rivaldo, Ronaldinho... Uma hora eu parei de saltar e ele disse que se fosse para ficar parado eu podia sair. Não tive dúvida, atravessei o campo e fui embora – recorda, para depois dizer que após do treino o assunto já estava superado.

O ambiente da seleção ficou conhecido como Família Scolari. E Ronaldo acha que "falar do Felipão e da Família é quase a mesma coisa". Ele explica: "Ele conseguiu controlar todas as vaidades do grupo, protegeu muito bem os jogadores, deu condições a todos de atuar bem. A organização foi muito boa, talvez por exigência dele".

Na volta ao Brasil, Cafu foi surpreendido no aeroporto pela alegria da família, os amigos do bairro, todos com uma réplica em miniatura da taça que ele havia erguido na Ásia. "É um orgulho muito grande, as pessoas chamando você de capitão. É uma conquista para o resto da vida." Alegria que, Marcos percebeu, veio acompanhada de mais responsabilidade, porque sempre que tomava um gol, alguém comentava "um goleiro como o Marcos, campeão do mundo, não pode tomar um gol assim, será que está fora de forma?..." Mas, sempre brincalhão, o goleiro se conforma e cita a frase do Homem-Aranha, personagem de histórias em quadrinho e do cinema: "Certos poderes implicam em certas responsabilidades".

QUEM FALTOU?

ROMÁRIO, APESAR DO CLAMOR NACIONAL

O comando do ataque da seleção brasileira para a Copa do Mundo de 2002 era uma preocupação nacional: Ronaldo esteve praticamente ausente dos campos nos dois anos anteriores ao Mundial. E Romário tinha 35 anos – mesmo assim havia sido o artilheiro do Campeonato Brasileiro de 2001, com 22 gols. Mais do que isso, no ano anterior (2000) ganhou a Bola de Ouro da *Revista Placar* como o melhor jogador do país naquele ano. Em 2001, também ganhou a Bola de Prata, como o melhor da sua posição. Diante da incerteza sobre a condição de Ronaldo, o clamor nacional, na torcida e na imprensa, era um só: Romário tinha de estar na convocação para o Mundial de 2002.

Quando a lista foi definida, em maio daquele ano, o nome de Romário não estava nela e Luiz Felipe Scolari resolveu bancar a aposta de Ronaldo. Cada lado apresentou a sua versão: Romário dizendo que precisava de descanso e o técnico garantindo que ele havia falado da necessidade de uma cirurgia no olho, mas a cirurgia teria sido apenas um pretexto para poder jogar amistosos com o Vasco, seu clube. Na última reunião que teve com a direção da CBF, três dias antes do anúncio dos nomes, Felipão enfrentou uma multidão em frente à sede da entidade, era uma manifestação pró-Romário. Scolari foi xingado, empurrado, pressionado. Convicto, o técnico manteve a sua posição.

Cerca de um mês antes, Romário ainda havia tentado uma última cartada: convocou uma entrevista coletiva, chegou a chorar ao pedir desculpas e reivindicou uma nova chance.

Ganhou o apoio da opinião pública, mas não amoleceu o coração de Luiz Felipe.

O HOMEM DE MIL GOLS

Romário nasceu em 29 de janeiro de 1966, no Rio de Janeiro (RJ) e começou a sua trajetória no futebol nas categorias de base do Vasco, depois de rápida passagem pelo Olaria. Em 1985, já treinava entre os profissionais. Neste mesmo ano foi vice-artilheiro do Campeonato Carioca e começou a despertar a atenção dos jornalistas e torcedores. Em 1986, depois de assinar seu primeiro contrato profissional, formou dupla de ataque com Roberto Dinamite e, mesmo ao lado do maior goleador do clube, foi o artilheiro do Campeonato Carioca. Em 1987, foi chamado pela primeira vez para a seleção brasileira, mesmo ano em que conquistou o Campeonato Carioca (feito repetido em 1988).

Em 1988, foi negociado com o PSV da Holanda e ali permaneceu até 1993, ganhando três campeonatos holandeses. Figura constante na seleção brasileira, esteve na campanha que terminou com medalha de prata nos Jogos Olímpicos de Seul (1988) e foi campeão da Copa América (1989). Em 1993, foi negociado com o Barcelona (Espanha) e disputou duas temporadas, vencendo o Campeonato Espanhol (1993/94). Na Copa do Mundo dos Estados Unidos (1994), foi apontado como o grande responsável pela conquista do título. A partir de 1995, a carreira de Romário se transformou num entra e sai de clubes com idas e vindas do exterior. Flamengo (1995/96), Valencia da Espanha (1996), Flamengo (1996/97), Valencia

Romário fora da Copa: falta de comprometimento venceu o clamor popular pelo atacante.

(1997), Flamengo (1998/99), Vasco (1999/2002), Fluminense (2002/03), Al Sadd do Catar (2003), Fluminense (2003/04), Vasco (2005/06), Miami dos EUA (2006), Adelaide United da Austrália (2006) e Vasco (2007/08).

Esteve perto de disputar a Copa do Mundo de 1998, na França, mas acabou cortado na reta final por uma contusão e até hoje considera ter sido vítima de uma conspiração liderada por Zico (coordenador técnico) e Zagallo (técnico), que não quiseram esperar pela sua recuperação. Com a seleção, ganhou a Copa das Confederações e a Copa América, ambas em 1997. Nos clubes, ganhou mais duas edições do Campeonato Carioca (1996 e 1998), duas da Copa Mercosul (1999 e 2000), Copa João Havelange (2000), Copa Ouro Sul-Americana (1996) e Copa dos Campeões Mundiais (1997). No dia 20 de maio de 2007, atuando pelo Vasco contra o Sport, no Estádio São Januário, no Rio de Janeiro, marcou de pênalti o milésimo gol de sua carreira, incluindo os das categorias de base e de jogos não oficiais. Apesar de contradições e polêmicas entre as diversas contagens, o milésimo gol de Romário foi reconhecido pela FIFA. Foi artilheiro de 27 competições, inclusive no Campeonato Brasileiro de 2005, quando já contava com 39 anos.

QUEM ESTAVA LÁ

MARCOS (GOLEIRO)
Marcos Roberto Silveira Reis nasceu em Oriente (SP), em 04/08/1973. Jogador de uma equipe só, o Palmeiras, desde 1993. Jogou 29 partidas pela seleção brasileira, foi titular em todas as sete na Copa da Ásia.

CAFU (LATERAL-DIREITO)
Marcos Evangelista de Moraes nasceu em São Paulo (SP), em 07/06/1970. Clubes em que jogou: São Paulo (SP) de 1989 a 1994; Zaragoza (Espanha) em 1995; Juventude (RS) em 1995; Palmeiras (SP) de 1995 a 1997; Roma (Itália) de 1997 a 2003; Milan (Itália) de 2003 a 2008. Recordista, jogou 150 partidas pela seleção principal e mais oito pela seleção olímpica. Recordista também de jogos em Copas do Mundo, 20. Na Ásia, foi titular nas sete partidas disputadas.

LÚCIO (ZAGUEIRO)
Lucimar da Silva Ferreira nasceu em Brasília (DF), em 08/05/1978. Clubes em que jogou: Planaltina (DF) em 1996; Gama (DF) em 1997; Internacional (RS) de 1997 a 2000; Bayer Leverkusen (Alemanha) de 2000 a 2004; Bayern de Munique (Alemanha) de 2004 a 2009; Internazionale (Itália) desde 2009. Até agosto de 2009 havia atuado 77 vezes pela seleção principal, quatro pela seleção olímpica e 12 em Copas do Mundo. Foi titular em todas as partidas em 2002.

ROQUE JR. (ZAGUEIRO)
José Vítor Roque Júnior nasceu em Santa Rita do Sapucaí (MG), em 31/08/1976. Clubes em que jogou: São José (SP) de 1994 a 1995; Palmeiras (SP) de 1995 a 2000; Milan (Itália) de 2000 a 2004; Leeds United (Inglaterra) em 2003; Siena (Itália) em 2004; Bayer Leverkusen (Alemanha) em 2004; Al Rayyan (Catar) de 2004 a 2007; Palmeiras (SP) de 2007 a 2008. Disputou 50 jogos pela seleção brasileira – seis na Copa do Mundo da Ásia.

Edmilson (zagueiro)

Edmilson José Gomes Moraes nasceu em Taquaritinga (SP), em 10/07/1976. Clubes em que jogou: XV de Jaú (SP) em 1993; São Paulo (SP) de 1994 a 2000; Olympique Lyonnais (França) de 2000 a 2004; Barcelona (Espanha) de 2004 a 2008; Villareal (Espanha) de 2008 a 2009; Palmeiras (SP) desde 2009. Foram 52 jogos pela seleção, seis deles na Copa do Mundo da Ásia.

Roberto Carlos (lateral-esquerdo)

Roberto Carlos da Silva nasceu em Garça (SP), em 10/04/1973. Clubes em que jogou: União São João de Araras (SP) de 1992 a 1993; Palmeiras (SP) de 1993 a 1995; Internazionale (Itália) de 1995 a 1996; Real Madrid (Espanha) de 1996 a 2007; Fenerbahçe (Turquia) desde 2007. Disputou 132 jogos pela seleção brasileira, além de mais 22 pela seleção olímpica. Disputou 17 jogos em Copas do Mundo, seis deles na Ásia.

Ricardinho (meio-campo)

Ricardo Luiz Pozzi Rodrigues nasceu em São Paulo (SP), em 23/05/1976. Clubes em que jogou: Paraná Clube (PR) de 1995 a 1997; Girondins de Bordeaux (França) de 1997 a 1998; Corinthians (SP) de 1998 a 2002 e em 2006; São Paulo (SP) de 2002 a 2004; Middlesbrough (Inglaterra) em 2004; Santos (SP) de 2004 a 2005; Besiktas (Turquia) de 2006 a 2008; Al Rayyan (Catar) desde 2008. Jogou 22 partidas pela seleção brasileira, seis em Copas do Mundo, sendo três na Copa do Mundo da Ásia.

Gilberto Silva (meio-campo)

Gilberto Aparecido da Silva nasceu em Lagoa da Prata (MG), em 07/10/1976. Clubes em que jogou: América (MG) de 1997 a 1999; Atlético (MG) de 2000 a 2002; Arsenal (Inglaterra) de 2002 a 2008; Panathianaikos (Grécia) desde 2008. Até agosto de 2009 já havia disputado 75 jogos pela seleção brasileira, 11 deles em Copas do Mundo. Na Ásia, disputou as sete partidas.

Ronaldo (atacante)

Ronaldo Luís Nazário de Lima nasceu no Rio de Janeiro (RJ), em 22/09/1976. Clubes em que jogou: Cruzeiro (MG) de

2002 • Do caos à glória na Ásia 215

Agência O Globo

Time campeão na Ásia: desorganização, quatro técnicos, polêmicas, pressão e título.

1993 a 1994; PSV Eindhoven (Holanda) de 1994 a 1996; Barcelona (Espanha) de 1996 a 1997; Internazionale (Itália) de 1997 a 2002; Real Madrid (Espanha) de 2002 a 2007; Milan (Itália) de 2007 a 2008; Corinthians (SP) desde 2009. Já disputou 109 partidas pela seleção principal, oito pela equipe olímpica e 19 em Copas do Mundo. Na Ásia, foi titular nas sete.

RIVALDO (MEIA-ATACANTE)

Rivaldo Vítor Borba Ferreira nasceu em Recife (PE), em 19/04/1972. Clubes em que jogou: Santa Cruz (PE) de 1991 a 1992; Mogi Mirim (SP) de 1992 a 1993; Corinthians (SP) em 1993; Palmeiras (SP) de 1994 a 1996; Deportivo La Coruña (Espanha) de 1996 a 1997; Barcelona (Espanha) de 1997 a 2002; Milan (Itália) de 2002 a 2003; Cruzeiro (MG) em 2004; Olympiakos (Grécia) de 2004 a 2007; AEK Atenas (Grécia) de 2007 a 2008; Bonyodkor (Uzbequistão) desde 2008. Foram 78 jogos pela seleção principal, além de sete pela equipe olímpica. Jogou 14 vezes em Copas do Mundo – sete delas na Ásia.

RONALDINHO GAÚCHO (MEIA-ATACANTE)

Ronaldo de Assis Moreira nasceu em Porto Alegre (RS), em 21/03/1980. Clubes em que jogou: Grêmio (RS) de 1996 a 2000; Paris Saint-Germain (França) de 2001 a 2003; Barcelona (Espanha) de 2003 a 2008; Milan desde 2008. Até agosto de 2009, foram 86 jogos pela seleção principal, 21 pela olímpica e dez em Copas do Mundo. Disputou cinco na Ásia.

DIDA (GOLEIRO)

Nélson de Jesus Silva nasceu em Irará (BA), em 07/10/1973. Clubes em que jogou: Vitória (BA) de 1992 a 1994; Cruzeiro (MG) de 1995 a 1998; Lugano (Suíça) em 1999; Corinthians (SP) em 1999 e de 2001 a 2002; Milan (Itália) de 2000 a 2001 e desde 2002. Participou de 92 jogos na seleção principal e mais 17 na olímpica, disputou cinco em Copas do Mundo – nenhum em 2002.

BELLETTI (LATERAL-DIREITO)

Juliano Haus Belletti nasceu em Cascavel (PR), em 20/06/1976. Clubes em que jogou: Cruzeiro (MG) de 1994 a 1996; São Paulo (SP) de 1996 a 1998 e de 2000 a 2002; Atlético

(MG) em 1999; Villareal (Espanha) de 2002 a 2004; Barcelona (Espanha) de 2004 a 2007; Chelsea desde 2007. Jogou apenas uma vez pela seleção brasileira, numa partida da Copa de 2002.

ANDERSON POLGA (ZAGUEIRO)

Anderson Correia Polga nasceu em Santiago (RS), em 09/02/1979. Clubes em que jogou: Grêmio (RS) de 1999 a 2003; Sporting (Portugal) desde 2003. Jogou 12 vezes pela seleção brasileira e fez duas partidas na Copa da Ásia.

KLÉBERSON (MEIO-CAMPO)

José Kléberson Pereira nasceu em Urai (PR), em 19/06/1979. Clubes em que jogou: PSCT (PR) de 1997 a 1999; Atlético Paranaense (PR) de 1999 a 2003; Manchester United (Inglaterra) de 2003 a 2005; Beskitas Istambul (Turquia) de 2005 a 2007; Flamengo (RJ) desde 2008. Até agosto de 2009 já havia disputado 29 partidas pela seleção brasileira, sendo cinco na Copa da Ásia.

JÚNIOR (LATERAL-ESQUERDO)

Jenílson Ângelo de Souza nasceu em Santo Antônio de Jesus (BA), em 20/06/1973. Clubes em que jogou: Vitória (BA) de 1992 a 1995; Palmeiras (SP) de 1996 a 2000; Parma (Itália) de 2000 a 2004; Siena (Itália) em 2004; São Paulo (SP) de 2004 a 2008; Atlético (MG) desde 2009. Vestiu a camisa da seleção brasileira em 21 oportunidades, uma delas na Copa de 2002.

DENÍLSON (ATACANTE)

Denílson de Oliveira nasceu em São Bernardo do Campo (SP), em 24/08/1977. Clubes em que jogou: São Paulo (SP) de 1994 a 1998; Real Bétis (Espanha) de 1999 a 2000 e de 2001 a 2005; Flamengo (RJ) em 2001; Bordeaux (França) de 2005 a 2006; Al Nassr (Emirados Árabes) de 2006 a 2007; Dallas (EUA) de 2007 a 2008; Palmeiras (SP) em 2008; Itumbiara (GO) em 2009. Jogou 62 vezes pela seleção principal, cinco pela equipe olímpica e atuou em 11 jogos de Copa do Mundo – cinco deles em 2002.

VAMPETA (MEIO-CAMPO)

Marcos André Batista Santos nasceu em Nazaré das Farinhas (BA), em 13/03/1974. Clubes em que jogou: Vitória (BA) de 1992 a 1995 e em 2004; PSV Eindhoven (Holanda) de 1994 a 1995 e de 1996 a 1998; Fluminense (RJ) em 1995; Corinthians (SP) de 1998 a 2000, de 2002 a 2003 e em 2007; Internazionale (Itália) de 2000 a 2001; Paris Saint-Germain (França) de 2000 a 2001; Flamengo (RJ) em 2001; Al Kuwait (Kuwait) em 2005; Brasiliense (DF) em 2005; Goiás (GO) em 2006; Juventus (SP) em 2008. Fez 41 partidas pela seleção brasileira, uma delas na Copa de 2002.

JUNINHO PAULISTA (MEIA-ATACANTE)

Oswaldo Giroldo Júnior nasceu em São Paulo (SP) em 22/02/1973. Clubes em que jogou: Ituano (SP) de 1992 a 1993; São Paulo (SP) de 1993 a 1995; Middlesbrough (Inglaterra) de 1995 a 1997, em 1999 e de 2003 a 2004; Atlético de Madrid (Espanha) de 1997 a 1999; Vasco (RJ) de 2000 a 2001; Flamengo (RJ) de 2001 a 2002 e de 2006 a 2007; Celtic (Escócia) de 2004 a 2005; Palmeiras (SP) de 2005-2006; Sydney (Austrália) desde 2007. Foram 54 jogos pela seleção principal e mais 15 pela equipe olímpica. Em 2002, esteve em campo em cinco partidas do Mundial.

EDÍLSON (ATACANTE)

Edílson Silva Ferreira nasceu em Salvador (BA), em 17/09/1970. Clubes em que jogou: Industrial (ES) em 1990; Tanabi (SP) de 1991 a 1992; Guarani (SP) em 1992; Palmeiras (SP) de 1993 a 1994 e em 1995; Benfica (Portugal) de 1994 a 1995; Kashiwa Reysol (Japão) de 1996 a 1997 e de 2002 a 2003; Corinthians (SP) de 1997 a 2000; Flamengo (RJ) de 2000 a 2001 e em 2003; Cruzeiro (MG) em 2002 e em 2005; Vitória (BA) em 2004 e em 2007; Al Aïn (Emirados Árabes) em 2005; São Caetano (SP) em 2005; Vasco (RJ) em 2006; Nagoya Grampus (Japão) em 2006. Jogou 24 vezes pela seleção e disputou quatro partidas na Copa da Ásia.

LUIZÃO (ATACANTE)

Luiz Carlos Bombonato Goulart nasceu em Santa Fé do Sul (SP), em 14/11/1975. Clubes em que jogou: Guarani (SP) em 1993 e de 1994 a 1995; Paraná Clube (PR) em 1993; Palmeiras (SP) de 1995 a 1997; Deportivo La Coruña (Espanha) de 1997 a 1998; Vasco (RJ) em 1998; Corinthians (SP) de 1999 a 2002; Grêmio (RS) em 2002; Herta Berlim (Alemanha) de 2002 a 2004; Botafogo (RJ) em 2004; São Paulo (SP) em 2005; Nagoya-Grampus Eight (Japão) em 2005; Santos (SP) de 2005 a 2006; Flamengo (RJ) em 2006; São Caetano (SP) de 2007 a 2008; Guaratinguetá (SP) em 2009. Atuou em 12 partidas na seleção principal, jogou duas pela equipe olímpica e esteve em campo uma vez na Copa do Mundo da Ásia.

Rogério Ceni (goleiro)

Rogério Ceni nasceu em Pato Branco (PR), em 22/01/1973. Clubes em que jogou: Sinop (MT) em 1990; São Paulo (SP) desde 1991. Disputou 17 jogos pela seleção brasileira, um em Copa do Mundo, mas não atuou em 2002.

Kaká (meia-atacante)

Ricardo Izecson Santos Leite nasceu em Brasília (DF), em 22/04/1982. Clubes em que jogou: São Paulo (SP) de 2001 a 2003; Milan (Itália) de 2003 a 2009; Real Madrid (Espanha) desde 2009. Até agosto de 2009 havia atuado pela seleção principal em 61 jogos, além de outros dez pela equipe olímpica. Disputou seis partidas em Copas do Mundo – uma delas na Ásia.

Técnico Luiz Felipe Scolari

Luiz Felipe Scolari nasceu em 9 novembro de 1948, em Passo Fundo, no Rio Grande do Sul. Zagueiro forte e de pouca técnica, começou nos juvenis do Aimoré, em São Leopoldo (RS), passou por Caxias, Juventude, Novo Hamburgo, todos no Rio Grande do Sul, e encerrou a carreira no CSA de Alagoas, onde conquistou seu único título, campeão alagoano de 1980. No próprio CSA, iniciou a sua carreira como treinador. Logo depois dirigiu Brasil de Pelotas (RS), Al Shabbab (Arábia Saudita), Pelotas (RS) e Juventude. Começou a ganhar relevância em 1987, quando conquistou o Campeonato Gaúcho com o Grêmio. Passou pelo Goiás e dirigiu equipes no Kwait até que, em 1991, alcançou projeção nacional ao conquistar a Copa do Brasil com o Criciúma (SC). Depois de novos trabalhos no Oriente Médio (Arábia Saudita e Kwait), retornou ao Grêmio em 1993 onde permaneceu durante três anos e conquistou muitos títulos: Copa do Brasil (1994), Libertadores da América (1995) e Campeonato Brasileiro (1997), além de duas edições do Campeonato Gaúcho (1995 e 1996) e Recopa Sul-Americana (1996). Depois de rápida passagem pelo Jubilo Iwata (Japão), assumiu o comando do Palmeiras em 1998 para mais um ciclo de conquistas: Copa do Brasil (1998), Copa Mercosul (1998), Libertadores da América (1999) e Torneio Rio-SP (2000). Em 2001, foi para o Cruzeiro e ganhou a Copa Sul-Minas, antes de assumir o comando da seleção brasileira, que um ano mais tarde conseguiria o pentacampeonato mundial, na Ásia. A Copa do Mundo alavancou a carreira internacional de Felipão (ou *Big Phil* como é chamado pela imprensa internacional). Dirigiu a seleção de Portugal entre 2003 e 2008, conquistando o vice-campeonato da Eurocopa de 2004 e o quarto lugar na Copa do Mundo da Alemanha (2006). Em 2008, assumiu o comando do time inglês Chelsea, mas fracassou e acabou demitido no meio da temporada. Em julho de 2009, assumiu a direção do Bunyodkor, do Uzbequistão.

Bibliografia

Livros

ANDRADE, Eduardo. *Tostão*: lembranças, opiniões, reflexões sobre futebol. São Paulo: DBA, 1997.
CASTRO, Ruy. *Estrela solitária*: um brasileiro chamado Garrincha. São Paulo: Companhia das Letras, 1995.
DUARTE, Orlando. *Enciclopédia dos mundiais de futebol*. São Paulo: Makron Books, 1995.
GOUSSINSKY, Eugenio; ASSUMPÇÃO, João Carlos. *Deuses da bola*: histórias da seleção brasileira de futebol. São Paulo: DBA, 1998.
HEIZER, Teixeira. *O jogo bruto das Copas do Mundo*. Rio de Janeiro: Mauad, 1997.
MÁXIMO, João. *João Saldanha*. Rio de Janeiro: Relume Dumará, 1996.
NORIEGA, Maurício. *Os 11 maiores técnicos do futebol brasileiro*. São Paulo: Contexto, 2009.
OSTERMANN, Ruy Carlos. *Felipão*: a alma do penta. Rio de Janeiro: ZH Publicações, 2002.
POMPEU, Renato. *Canhoteiro*: o homem que driblou a glória. Rio de Janeiro: Ediouro, 2003.
RIBEIRO, Péris. *Didi*: o gênio da folha-seca. Rio de Janeiro: Gryphus, 2009.
SALDANHA, João. *O trauma da bola*: a Copa de 82 por João Saldanha. São Paulo: Cosac & Naify, 2002.

Programas de TV

15 ANOS DO TETRA. Produção de Sportv, julho de 2009.
BEM, AMIGOS! Produção de Sportv, março de 2007.
BOLA DA VEZ: ROMÁRIO. Produção de ESPN-Brasil, outubro de 2001.
BOLA DA VEZ: ZAGALLO. Produção de ESPN-Brasil, agosto de 2001.
BOLA DA VEZ: ZICO. Produção de ESPN-Brasil, fevereiro de 2000.
CHUTANDO O BALDE: ROMÁRIO. Produção de TV Bandeirantes, janeiro de 2004.
ENTREVISTA DE CARECA A ORLANDO DUARTE - 2002. Disponível em: < http://www.youtube.com/watch?v=Krg3Zbyo2xE>

JOGOS PARA SEMPRE: FINAL DE 1994. Produção de Sportv, julho de 2009.
JUCA ENTREVISTA: CARLOS ALBERTO TORRES. Produção de ESPN Brasil, março de 2007.
JUCA ENTREVISTA: DJALMA SANTOS. Produção de ESPN Brasil, fevereiro de 2007.
JUCA ENTREVISTA: SÓCRATES. Produção de ESPN Brasil, abril de 2007.

INTERNET

Especial sobre a Copa de 2002. Disponível em: <http://esporte.uol.com.br/copa/2002/>.
Site do Romário. Disponível em: <www.romario11.cjb.net>.
The Rec. Soccer Sport Statistics Foundation. Disponível em: <www.rsssf.com>.
Blog do Cosme Rímoli. Entrevista com Jairzinho. Disponível em: <blogdocosmerimoli.blog.uol.com.br>.

O autor

Milton Leite é jornalista profissional desde 1978. Atuou em rádios e jornais de Jundiaí no início da carreira, antes de transferir-se para São Paulo, onde trabalhou nos jornais O *Estado de S. Paulo* e *Jornal da Tarde*. Foi apresentador de programa de variedades na Rádio Jovem Pan AM e diretor de redação da Rádio Eldorado AM. Como narrador esportivo atuou durante 10 anos na ESPN-Brasil e desde 2005 é contratado do Sportv/TV Globo. Esteve nas Copas do Mundo de 1998 e 2006 e nas Olimpíadas de 2000, 2004 e 2008.